BARBARA BESSEN

KRYON

Der Mensch in seiner
Meisterschaft

WILHELM HEYNE VERLAG
MÜNCHEN

FSC
Mix
Produktgruppe aus vorbildlich
bewirtschafteten Wäldern und
anderen kontrollierten Herkünften
Zert.-Nr. SGS-COC-1940
www.fsc.org
© 1996 Forest Stewardship Council

Verlagsgruppe Random House FSC-DEU-0100
Das für dieses Buch verwendete
FSC-zertifizierte Papier *Munken Cream*
liefert Arctic Paper Munkedals AB, Schweden.

Taschenbucherstausgabe 01/2009

Copyright © 2005 by Smaragd Verlag, 57614 Woldert (Ww.)
Printed in Germany 2009
Umschlaggestaltung: HildenDesign, München
Herstellung: Helga Schörnig
Gesetzt aus der 10,8/13,5 Minion
bei C. Schaber Datentechnik, Wels
Druck und Bindung: GGP Media GmbH, Pößneck

ISBN 978-3-453-70101-4

http://www.heyne.de

Inhalt

Danksagung	7
Vorwort von Barbara	9
Vorwort von KRYON	11
Der Mensch in der Meisterschaft	13
Das Geschenk für euch: Die Neue Energie	18
Was macht einen Meister aus?	27
Die Öffnung deines Herzens	33
Des Menschen alte Muster	41
Die innere Gelassenheit und das Loslassen	48
Die menschliche Angst	52
Sei in dich selbst verliebt	56
Integrität mit »Allem-was-ist«	59
Lebe deine Weiblichkeit	63
Dein Inneres Kind	67
Die Klärung niederer Charakterströme	72
Co-Kreation mit GOTT	76
Dein neues Selbstbewusstsein	82
Die Klärung deines Energiefeldes	85

Die Vereinigung der Seelenaspekte	98
Die Erweckung deines Lichtkörpers	105
Fragen und Antworten	112
Eine Anleitung für den Kontakt zur Geistigen Welt	141
Meditation: Herzensöffnung und Löschung alter Muster	145
Meditation: Führung zum Höheren Selbst	148
Übung: Die Prana-Atmung	152
Übung: Angstumwandlung durch Liebe	156
Auszüge aus einem KRYON-Channeling am 19. September 2004 in Berlin	158
KRYON-Channeling Januar 2005 zur Situation: Die Veränderung der Erde, die Flutkatastrophe Weihnachten 2004 in Südostasien	203
Wie geht es weiter?	210
Meine Erfahrungen mit KRYON und der Neuen Energie	213
Über die Autorin	222

Danksagung

Ich danke dem GOTT und der GÖTTIN für den wundervollen Auftrag, den ich bekam. Ich meinerseits gebe mein Bestes, ihn so gut wie möglich zu erfüllen.

Ich danke RUNA und GERDA für das Abschreiben der Tonkassetten und meinem irdischen Engel EVA-MARIA fürs Gegenlesen der Texte und die liebevollen Gespräche. Besonderer Dank gilt JÜRGEN und dem Smaragd-Team und seiner Chefin MARA, die es möglich machen, diese himmlischen Botschaften von KRYON weiterzugeben. Und ich danke all den Menschen, die ich auf den vielen Channelingreisen kennenlernen darf, für ihr Vertrauen.

Vorwort von Barbara

Liebe Leserin, lieber Leser!

Vor genau einem Jahr saß ich hier an meinem Schreibtisch und schrieb das Vorwort zu dem ersten KRYON-Buch, das ich von KRYON für Sie, liebe Leserinnen und Leser, empfangen durfte. Nun sitze ich schon am zweiten Vorwort. Damit hatte ich so schnell nicht gerechnet. Kurz nach Erscheinen des ersten Buches *Neue Botschaften des Lichts* sagte mir KRYON: »Ein weiteres Buch ist geplant. Bist du wieder mit von der Partie?« Konnte ich da nein sagen? Bestimmt nicht.

Seit KRYON in mein Leben getreten ist, hat sich einiges verändert. Ich muss wohl eher sagen: KRYON hat mein Leben völlig umgekrempelt. Nichts ist mehr so, wie es war. Das meine ich natürlich in positiver Hinsicht. Es ist eine totale Umwandlung mit mir geschehen, und sie geschieht weiterhin. Es sind spannende, schöne, wenn auch nicht nur angenehme Erfahrungen, die ich in der Neuen Energie bis jetzt machen durfte. Ich möchte *alle* diese Erfahrungen nicht missen.

Weil so viele Menschen um mich herum fragen: »Wie ist es dir ergangen, seitdem KRYON so intensiv in dein Leben gekommen ist? Erzähl doch mal«, habe ich mich entschlossen, einen Teil meiner Erfahrungen in der Neuen Energie weiterzugeben. Im hinteren Teil dieses Buches plaudere ich ein wenig aus der »Schule«. Es sind die Dinge, die Sie auch erfahren haben oder erfahren werden. Es beruhigt Sie vielleicht, dass, obwohl ich ständig sehr eng mit KRYON verbunden bin, meine lehrreichen Erfahrungen zwar liebevoll begleitet waren, mir aber nicht erspart blieben. Das gehört eben zum Transformationsprozess!

Vielleicht interessiert es Sie: Dieses Buches zu empfangen hat auch in mir sehr viel bewirkt. Ich habe quasi jedes Kapitel persönlich durchlebt. Bei allen Themen war ich mitten drin, auch alte Ängste ließen sich noch mal blicken und sagten noch einmal »Guten Tag«. Und ich dachte doch, ich hätte schon so viel losgelassen …

Nun zu etwas Praktischem: Auf vielfachen Wunsch haben wir uns entschlossen, ein Forum auf unserer Internetseite einzurichten, damit Sie sich mit anderen Menschen über Ihre Erfahrungen in der Neuen Energie austauschen können.

Meine Channeling-Reisen werden immer umfangreicher. Es macht mir viel Spaß, durch Deutschland und die Schweiz zu reisen, und, mit KRYON und viel Licht und Liebe im Gepäck, die Botschaften zu verbreiten. Ich bin sehr dankbar für diese wundervolle Aufgabe.

Vielleicht haben Sie Lust, wenn »wir«, KRYON und ich, in Ihrer Nähe sind, einmal bei einem Channeling dabei zu sein. Wir würden uns freuen.

Nun wünsche ich Ihnen viel Spaß beim Lesen!

Ihre Barbara Bessen

Vorwort von KRYON

Liebe Freunde!

Es ist mir eine große Freude, wieder über ein geehrtes Medium und über dieses Buch zu euch sprechen zu dürfen. Ich bin KRYON vom magnetischen Dienst. Dieser spezielle Dienst, magnetisch zu arbeiten, ist hier auf der Erde seit Ende 2002 erfüllt. Ich bin als eine Gruppe zu verstehen, und ein Teil der Gruppe KRYON dient an einem anderen Ort der Galaxis. Ein Teil von KRYON ist im Erdbereich geblieben, um euch Menschen Botschaften über die neue Erdenzeit zu übermitteln. Wir waren der Erde von Anbeginn sehr eng verbunden.

Viele Jahre sind vergangen seit Übermittlung erster Botschaften. Die Erde hat ihren Weg in die neue Umlaufbahn eingeschlagen. Transformationen jeglicher Art begleiten diesen Prozess der Erde und der auf ihr lebenden Menschen.

Viele von euch Menschen möchten einen neuen Weg der Entwicklung einschlagen. Ihr möchtet am Transformationsprozess der Erde teilnehmen. Ein unerlässlicher Schritt, um dabei zu sein bei diesem wundervollen Erblühen der Erde, denn die Mutter Erde und die Menschen sind unmittelbar miteinander verbunden. Es gibt kein Getrenntsein. Betrachtet die alte Erde mit weisen Augen. Sie ist ein lebendes Wesen, ein Wesen voller Liebe und Weisheit. Die Erde geht in eine neue Ära. Die Alten der Urvölker und Mystiker aller Zeiten sprachen vom Goldenen Zeitalter. Wir wollen euch in dieses wundervolle Zeitalter hinein begleiten.

Ich übermittle euch nun durch meine deutsche Partnerin Botschaften für den Weg in eure Meisterschaft. Zu allen Zeiten haben sich Menschen auf diesen Weg, in diesen Prozess begeben. Nur – jetzt ist eine Neue Energie auf Erden. Sie unterstützt diesen Prozess vielfach, doch es gibt auch für euch noch einiges selbst zu tun, um diesen Weg erfolgreich zu beschreiten. Ich möchte euch hilfreich zur Seite stehen und zeige euch, wie ihr den Pfad der Meisterschaft gelassen und freudig, aber auch diszipliniert, kraftvoll und dankbar beschreiten könnt. Die Worte dieses Buches haben eine Kraft und den Sinn, euch Informationen zufließen zu lassen. Aber die wahre Kraft dieses Buches liegt in den Schwingungen, die ihr empfangt, wenn ihr dieses Buch aufschlagt und euch ganz öffnet. Wir arbeiten an euch, während ihr diese Zeilen lest. Wir geleiten euch auf andere Ebenen, es sind die Ebenen der Erkenntnis.

Ich rufe euch zu: Erkennt, wer ihr seid, öffnet eure Herzen, nehmt eure Göttlichkeit an und lebt sie. Du bist ein Teil von GOTT, lebe diesen Teil von GOTT, schenke GOTT dein Vertrauen. Dies ist der Weg in den Aufstieg der Erde und der Aufstiegsweg der Menschheit. Geehrt seiest du für deinen Dienst, hier auf der Erde zu sein.

Ich bin in tiefer Liebe und Verbundenheit

KRYON

Der Mensch
in der Meisterschaft

Ja, ich spreche zu dir, du lieber Mensch, der du dieses jetzt hier liest. Ich spreche zu dir, der du geehrt bist und geliebt für das, was du hier auf der Erde, auf der Mutter Erde, auf GAIA tust. Du, der du hier seit Äonen von Zeiten auf diesem geliebten und geschätzten Schulungsplaneten deinen Dienst tust. Ich spreche zu dir, der du eine alte Seele bist. Der du hier schon seit langem – einige von euch seit Anbeginn – dabei bist, diesen Planeten, dieses Bewusstsein Erde mit deinem Dienst zu ehren. Nun bist du an einem Entwicklungspunkt angelangt, wo du als alte Seele mit Recht sagen kannst: Mein Weg ist nun ein anderer. Ich habe hier alles erlebt, was im tiefsten Maße zur Dualität und zum Erleben der Materie – der tiefsten Materie gehört. Denn ich weiß, hier, nur hier konnte ich die Materie so tief erfahren. Viele Leben habe ich gelebt. Ich bin Opfer gewesen und Täter, habe gute Dinge und böse Dinge getan und erfahren. Alles habe ich mir ausgesucht mit meiner Familie, meiner geistigen Familie, mit meinen Schutzgeistern und den »Hütern des Karma«. (Alte weise Wesen, die seit Anbeginn der Erde diesen Dienst in tiefer Liebe auf der anderen Seite des Schleiers tun). Ich saß mit ihnen lange zusammen und habe jede der einzelnen Inkarnationen ausgiebig geplant, habe alles geprüft, überlegt und abgewägt, um mich dann auf ein weiteres Abenteuer auf dieser Erde einzulassen. Viele Lernerfahrungen waren auf meinem Weg. Viel Karma habe ich mir durch Handlungen auferlegt. Vieles davon habe ich wieder abgearbeitet. Mein Weg ist nun der einer Seele, die der Erde auf andere Art und Weise dienen möchte: Ich will mich nun weiter entwickeln. *Ich habe erkannt.* Es ist an der Zeit, mein Bewusstsein auf wichtige Dinge zu richten, die meinen Weg in eine andere Richtung lenken. Ich möchte den Weg der Vervollkommnung, der *Meisterschaft*, einschlagen. Es ist an der Zeit.

All dies hast du nicht mit deinem irdischen Bewusstsein vorerst angestrebt. Es gibt die vielen geistigen Zusammenkünfte mit anderen Helfern und Dienstebenen und deiner geistigen Familie. In unseren nächtlichen Begegnungen und Gesprächen auf diesen anderen Ebenen, während dein Körper schlief, bist du auf diesen Schritt vorbereitet worden. Und das in einer Form, die anders ist, als du es gewohnt warst. Oft hast du dich im irdischen Leben geduckt, hast zaghaft bei anstehenden Entscheidungen angefragt: »Darf ich, bin ich es schon wert, so und so zu handeln?« Auf den anderen Ebenen, in denen wir gemeinsam zusammensitzen und kommunizieren und dein Weiterkommen diskutieren, bist du ebenbürtig mit uns. Du bist kein minderes Wesen, du bist wie wir ein multidimensionales Lichtwesen, und du bist dir dessen bewusst. Hier auf der physischen Welt ist es noch nicht so. Du bist in den Anfängen zu erkennen, wer du wirklich bist. Du erahnst langsam, wie das Universum wohl funktioniert. Du stellst dir die Frage: »Warum bin ich überhaupt hier? Was ist mein Dienst? Wie sind meine Verträge? Wer bin ich? Wie geht es nun weiter?« Dein Weg der verschiedenen Erdinkarnationen ist nun beendet in der Form, dass du dein Leben hauptsächlich auf die Aktion von Ursache und Wirkung beschränkst. Denn durch die *Neue Energie* ist dieser Kreislauf der Aktivität dieses Erlebens gelöscht. Dein Karma ist durch die *Neue Energie* aufgelöst. Du bist frei. Du bist frei. Du bist frei. Verstehst du, geliebter Mensch? Hier hast du deine Freiheit. Was fängst du nun mit dieser Freiheit an?

Lehne dich jetzt ein bisschen zurück, geliebter Mensch. Lehne dich zurück, der du dieses liest, und horche in dich hinein. Ich möchte dieses Buch so direkt vermitteln wie möglich. Stell dir also vor: Wir sitzen gemeinsam zusammen. Gemütlich an einem Tisch, du und ich. Wir besprechen nun dein weiteres Leben auf diesem wunderbaren Planeten. Lass dich ganz auf meine Energie ein. Wir verschmelzen sozusagen.

Du fragst nun vielleicht: »Was ist los, KRYON? Was ist zu tun? Wie geht mein Leben weiter?«

Meine Antworten biete ich dir auf dem silbernen, nein auf einem goldenen Tablett, vielleicht ist dieses besetzt mit vielen Edelsteinen. So etwas Kostbares ist genau das Richtige für dich, du geliebtes Wesen, es ist angemessen. Ich sage noch einmal: Du bist geehrt und geliebt dafür, dass du hier auf diesem Planeten Erde so lange deinen Dienst tatest. Du hast durch deine Entwicklung deine Schwingungen erhöht, die der Erde und damit die des Universums. Du bist ein großes Lichtwesen, das wahrscheinlich schon auf anderen Planeten, auch in anderen Universen, diente, du bist interdimensional. Und ich sage nochmals: Die Zeit des Sich-duckens und Sich-versteckens ist vorbei. Ich bin an deiner Seite, um dir bewusst zu machen, wer du wirklich bist. Hast du Vertrauen? Hast du Vertrauen zu *dir*? Nicht zu mir, zu dir. Vertraust du dir? Das ist ein Hauptattribut *der Neuen Energie: Selbstvertrauen*, Vertrauen zu dir selbst. Die vielen Bücher, die ich auf deinem Nachttisch sehe, hast du sie alle gelesen? Oh. Haben sie dir Selbstvertrauen gebracht? Nein? Ja, dann waren sie wohl keine große Hilfe. Brauchst du noch mehr Bücher für dein Selbstvertrauen? Gewiss nicht. Dein Selbstvertrauen wächst, wenn du mit dir selbst zusammen bist, dich erforschst, und dich in dich selbst verliebst. Ich höre dich sagen: »Ich soll mich in mich selbst verlieben, KRYON? Ist das nicht egoistisch?«

Ich spreche hier nicht von Egomanie. Ich meine die göttliche Eigenliebe. *Die* gilt es zu entwickeln. Das ist der Grundstein für den Weg in die *Meisterschaft*, denn der Weg, den du nun einschlägst, ist der Pfad in deine *Meisterschaft*. Du wirst das sein, was seit Anbeginn dieses Planeten eine jede Seele, ein jeder Seelenaspekt anstrebt und erreicht. Der Weg, Meister über sich selbst zu werden und irgendwann die Entwicklung weiter zu beschreiten und in andere Welten zu wechseln. Denn alles ist im Fluss, entwickelt sich weiter. Nichts bleibt stehen, alles fließt ...

Ich lade dich nun ein, hier in unserer kleinen intimen Runde gemeinsam mit mir dieses Thema zu erforschen. Ich will dich geleiten und führen, dir nahe bringen, was eine menschliche Meisterschaft ausmacht. Die erste Voraussetzung für dein Erkennen ist, dass du verstehst und akzeptierst, dass du GOTT bist. Du bist ein Teil von *Allem-was-ist*. Erhebe dich und nimm diese Botschaft ehrenvoll mit erhobenem Haupte an.

Ich verneige mich vor dir, du liebes Menschenwesen. Ich verneige mich vor GOTT.

Das Geschenk für euch:
Die Neue Energie

Geliebte Menschen, ich will kurz resümieren.1989 begann erneut der Dienst der Gruppe KRYON. (Wir waren seit Anbeginn der Erde in ihrem Dienst. Wir installierten das Magnetgitter). Zu diesem Zeitpunkt wurden die speziellen Fähigkeiten der Gruppe KRYON hier benötigt. Wir bekamen den Auftrag, das Magnetgitter der Erde neu auszurichten, was bis Ende 2002 (auslaufend) geschah. Wer hat uns den Auftrag gegeben? Du, geliebter Mensch, und viele andere deiner Spezies. Weißt du noch, wir besprachen, dass du ein Teil von GOTT bist. Also hast auch du mir den Auftrag gegeben: »KRYON, richte das Magnetgitter, damit die Erde in ihre neue Bestimmung hineingehen kann.«

Wir kamen. Wir agierten vom Orbit des Jupiters aus. Ich beschreibe diesen Vorgang hier ganz einfach. Er ist vielfältiger und physikalischer Natur und hier im Moment nicht unser Thema. Technische Einzelheiten sind im Laufe der letzten Jahre durch meine Medien an euch weitergegeben worden. Die QUELLE gab den Auftrag, der Schulungsplanet möge bereit gemacht werden für seinen neuen Weg, für den Weg in eine andere Umlaufbahn Richtung Zentralsonne, für den Weg in den Aufstieg in eine andere Dimension. Die Mutter Erde, die Menschen, die jetzt hier inkarniert sind, brauchen Unterstützung. Es ist eine ganz besondere Art der Weiterentwicklung, so wie sie noch nie zuvor bei einem Planeten dieser Art geschah. Es ist so außergewöhnlich, dass viele Bewohner anderer Universen, Galaxien und Planeten hier um euch herum sind auf ihren Raumschiffen oder auf Nachbarplaneten, um diesem besonderen Szenario beizuwohnen. Es ist eine beachtliche interdimensionale Sache, mit Auswirkungen auf viele Bereiche, Dimensionen und auf das gesamte Universum. Verstehe, dass diese Angelegenheit von außerordentlicher Bedeutung ist, und wir können nicht oft genug darauf hinweisen, wie geehrt du und alle Wesen sind, die hier zur Zeit leben, und die, die schon auf der anderen Seite des Schleiers bereitstehen, um hier zu inkarnieren.

Eure Aufgabe ist eine große. Ich sprach von den Schwingungserhöhungen und dem, was du, der du diesen Weg beschreitest, tust. Du, ja du bist ein Lichtarbeiter, ein Leuchtturm, der sein Licht ausstrahlt und damit vielen anderen Menschen und der Erde hilfreich zur Seite steht. Mit unendlich großer geistiger Unterstützung, damit die Menschen leichter in diese Herausforderungen hineingehen können, diesen wunderbaren neuen Weg der Erde. Du bist, wie wir ja schon feststellten, diese alte Seele, die jetzt hier zur Erde kam, um dir und der Erde zu helfen, in diese Zeit hineinzugehen.

»KRYON, was kann ich tun, um dienlich zu sein?«, fragst du. Meine Antwort, die oft als simple, sehr einfache Antwort erscheint, lautet: »Erfülle deinen Vertrag, schaue in dich hinein, wer du bist, erfülle einfach deinen Vertrag. Es spielt keine Rolle, wo du dich aufhältst. Ob du deinen

Dienst an einer Kasse in einem Kaufhaus oder auf einem hohen Posten in einer Bank, als Familienmitglied oder als ein Heiler versiehst. Es ist der Dienst am und mit dem Licht, der erfordert keine besondere Ausbildung. Halte einfach deine Augen und dein Herz offen. Über die wichtige Öffnung deines Herzens spreche ich später ausführlicher. Sei einfach du. Öffne dein Herz, gib dich deinem Selbst ganz hin und erkenne, was zu tun ist, und strahle dein Licht aus. Dein Höheres Selbst wird dir dabei behilflich sein.«

Ich möchte hier gerne nochmals die *Neue Energie*, von der schon viele Jahren erzählt und geschrieben wird, erklären. Vielleicht bist du eine Leserin oder ein Leser, die/der zum ersten Mal davon hört; vielleicht bedarf es bei dir, der du dich mit diesem Thema schon länger befasst, einer kurzen Auffrischung.

Der, den ihr als *Jesus Christus* kennt, legte vor 2000 Jahren den Grundstein für das, was wir die Christusenergie nennen. Interessant ist es vielleicht für dich zu wissen, dass diese Energie wie ein globales Gitternetz noch heute die Erde umspannt. Jesus Christus – das ist hier ganz einfach zusammengefasst – brachte die Liebe auf die Erde, die *Christusenergie*. Und das, was nun mit euch geschieht, ist das Initiieren des eigenen *Christuslichtes* in euch. Man könnte sagen, das Höhere Selbst, euer göttlicher Funken, ist das *Christusselbst*, das nun immer mehr gelebt werden will. Doch dazu auch später Ausführliches.

* * *

Die Neue Energie, die durch die Richtung des Magnetgitters – meinem Grunddienst, meiner Spezialität sozusagen – verstärkt Einzug auf die Erde hält, ist die *Christusenergie*. Diese Neue Energie wurde durch einige kosmische und astronomische Einflüsse und Sonderkonstellationen, wie zum Beispiel im November 2003, bekräftigt. Jeder Mensch auf dieser Erde bekommt etwas ab von dieser Neuen Energie, keine Seele ist ausgeschlossen. Doch die alten Seelen, so wie du eine bist, die nun einen Schritt weiter in ihrer Erdentwicklung kommen wollen, erfahren eine besondere Initiation durch diese neue Art der Magnetgitterkonstellation. Bedenke, dass ich hier jetzt diese Grundinformationen zusammenfasse. All das ist in meinen älteren, immer noch gültigen Botschaften ausführlich nachzulesen. Die Neue Energie, so wie sie beschrieben wird, ist ein Grundpaket für die Weiterentwicklung der menschlichen Seele. In früheren Zeiten gab es immer wieder – eure Mystiker berichten darüber – Menschen, die ihre Meisterschaft erlangten. Allerdings ohne den globalen Einfluss der *Neuen Energie*. Sie hatten es damals nicht leicht, in diese Ermächtigung hineinzukommen. Abgeschirmt von der Menschheit, in Tempeln und anderen heiligen Räumen, ausgesucht unter Ihresgleichen haben sie sich der Mystikerschule hingegeben und erlangten so Wissen über die höheren geistigen Welten. Sie gingen, oft nach langer Zeit und vielen Einweihungen und Prüfungen, in die Meisterschaft. In diesen heiligen Stätten war stets ein besonderes Energiefeld, das notwendig war, damit die himmlischen Helfer agieren konnten.

Der heutige Neopyth, wie du, der du dieses hier liest, hat es da zum Teil etwas leichter, aber auch um einiges schwerer, diesen Weg zu gehen. Du bist dabei, diesen Pfad zu beschreiten inmitten deines alltäglichen Lebens, inmitten deiner Arbeit, deiner Familie, in einer Großstadt, in einem größeren Menschenkreis. Das macht es nicht leicht, sich ganz auf das zu konzentrieren, was zu tun ist. Immer wieder sind Ablenkungen da, die dich hindern wollen, dich zu entwickeln. Natürlich gehört das auch zum Prozess, ich will da nicht von Prüfungen sprechen, aber es ist schon dualistisch gesehen, von »der anderen Seite« gewollt, dass du nicht in deine Zentrierung ohne Stolpersteine kommst. Ein Teil von dir hat sich, wieder dualistisch gesehen, auf etwas anderes konzentriert. Bedenke, du bist in dem Universum der Dualität. Alles kommt von GOTT. Alles hat seine Berechtigung. Nichts ist unmöglich! Diese Stolpersteine wollen genommen werden. Nun gilt es, diese dualistischen Teile zu vereinigen, dich ganz auf dich zu besinnen, dich zu erkennen, an dir zu feilen, dich wie die Statue eines Bildhauers von dem Überflüssigen zu befreien und deine Konturen zu schärfen. Das war weitaus einfacher zu erreichen, abgeschieden im Tempel mit der Unterstützung irdischer Meister.

Die gute Nachricht für dich ist, dass du in der heutigen Zeit deiner Reifung viel Hilfe und Unterstützung durch diese Neue Energie, ihre Attribute und eine große Heerschar geistiger Helfer bekommst. Für sie ist es nun leichter, in dieser ständig konzentrierteren Energie, die überall ist, zu agieren. Noch einmal: Die Neue Energie ist das Grundpaket, der Sockel für deinen Weg in die Meisterschaft.

Die *Neue Energie* beinhaltet viele Werkzeuge, über die wir noch ausführlicher sprechen wollen, und einige Attribute, die früher nicht zur Verfügung standen. Die Voraussetzungen haben sich verändert.

* * *

Die *Neue Energie* fordert der Mensch durch eine Absichtserklärung an, das heißt, er bittet darum, in die *Neue Energie* hineingehen zu dürfen. Wir sprechen von einer Phase der Klärung, die drei Monate dauern kann, bei einigen Menschen geht es schneller, da hat das Höhere Selbst oft schon diese Erklärung abgegeben. Manche Menschen brauchen länger, diese Energie anzunehmen. Stell dir einfach vor, dass es sogar möglich ist, dass du eigene Stolpersteine selbst gelegt hast, die einige kleine Unebenheiten in deinem Lebensweg hervorrufen. Damit will ich sagen, dass jeder anders in diesen Prozess der Klärung hineingeht: der eine leichter, der andere schwerer. Vielleicht hast du im Laufe der letzten Jahre schon vieles abgearbeitet, was an Schwierigkeiten – so wie Menschen es beschreiben – in deinem Leben vorgesehen war. Denn erinnere dich, du hattest dir deinen Lebensplan zusammengestellt, darin waren all die Dinge, die dich betrafen, gewünscht enthalten. Und das wiederhole ich gerne immer wieder: Du hast dir deine Begegnungen und Erfahrungen in diesem und in deinen anderen Leben selbst zusammengestellt. Kein anderer ist »schuld« an deinen Begegnungen, sie sind gewollt. Vielleicht hast du schon viel erledigt, dann geht eine Klärung schneller und leichter. Andere Menschen klagen über harte Zeiten in diesen Monaten: Depressionen kommen, Schlafstörungen, Verlustängste etc. All das Alte, was in deinen Zellen gespeichert ist, will nach oben, will entlassen werden. Das ist ein nicht einfacher Prozess. Verstehe richtig, die *Neue Energie* kann nur in dich hineingehen, wenn du geklärt bist. Es ist also eine Klärung auf allen Ebenen. Diese Klärung geht auch weiter, wenn du in der *Neuen Energie* bist. Deine karmischen Verbindungen sind mit Eintritt in die *Neue Energie* gelöscht. Auch das wird oft missverstanden. Unterscheide zwischen Karma und alten Mustern. Du bist ein vom Karma befreites Menschenwesen.

Alte Muster sind jedoch noch vorhanden. Es sind alte Prägungen deiner vergangenen Leben oder auch Muster deiner Kindheit, Jugend und Beziehungen. Die Löschung des Karmas ist ein Geschenk von GOTT. Nimm dieses Geschenk voller Dankbarkeit an, es ist der Weg in die Freiheit!

Das zweite Attribut ist der *Kontakt zur Geistigen Welt.* Der Schleier zwischen uns ist gelüftet. Du kannst – ein jeder von euch Menschenwesen kann das – mit deinen geistigen Führern und deinem Höheren Selbst Fühl- und Sichtkontakt haben durch das geistige Auge und kommunizieren. Das war früher nur Auserwählten und Eingeweihten vorbehalten. Zu denen bist du in alter Zeit gegangen, um dir weise Ratschläge und Zukunftsdeutungen zu holen. Durch die Neuausrichtung des Magnetgitters sind wir euch so nahe wie nie zuvor. Wir stehen neben dir, direkt neben dir. Auch ich stehe jetzt in diesem Moment, wo du diese Zeilen liest, neben dir. Das möchte ich dir demonstrieren. Wir machen deshalb nun eine Verschnaufpause und gehen in eine kleine Übung für diesen Moment:

Schließe deine Augen, atme dreimal tief durch und fühle ganz intensiv deinen Körper. Beginne unten bei den Zehen und wandere langsam nach oben. Fühle erst einmal dich selbst, ganz und gar. Dann gehe noch einmal durch deinen Körper und stelle eine kleine Veränderung fest. Ich berühre dich. Vielleicht fühlst du meine Berührung am Kopf, oder an der Hand, oder eine wohlige Wärme durchströmt dein Herz. Wir haben Kontakt miteinander. Nun versuche, mit deinem inneren Auge Kontakt aufzunehmen. Dabei verkrampfe dich nicht, indem du dich auf deine Augenlider konzentrierst, sondern lass den Blick ganz weit nach vorne schweifen. Vielleicht siehst du mich, vielleicht fühlst du auch ein Bild von mir. Ich werde dir so erscheinen, wie es für dich angemessen ist. Ich bin Energie, genau wie du, aber ich werde dir vielleicht als Gestalt erscheinen, vielleicht als eine Farbe. Meine stärkste Präsenz ist leuchtendes Kupfer. Verweile einen Augenblick und genieße unsere Verbindung. Komme nun langsam wieder zurück. Vielleicht hast du Lust, weiterzulesen.

Den Kontakt zur Geistigen Welt solltest du pflegen. Dieser Kontakt beinhaltet auch die konstante Verbindung zu deinem Höheren Selbst. Das Höhere Selbst habe ich im ersten Buch meiner Partnerin schon beschrieben. Da diese Verbindung unerlässlich ist, werde ich hier noch ausführlicher darauf eingehen.

Das dritte Attribut der Neuen Energie ist die *Co-Kreation*. Mit der eigenen Schöpferkraft die Dinge in dein Leben hereinbitten, die du dir wünschst und dir verdient hast. Diese Art des Schöpfungsaktes ist deshalb so sinnvoll, weil du dich von deinen karmischen Verbindungen verabschiedet hast. Dein Weg ist nun frei und will von dir neu geplant und bearbeitet werden.

Wenn du den Prozess der Meisterschaft antreten willst, ist das Grundpaket der Neuen Energie eine wunderbare Hilfe.

Dein karmischer Kreislauf ist beendet. Selbstverständlich ist es möglich, sich wieder karmisch zu binden. Aber welcher Meisterschüler will sich dieses Geschenk wieder nehmen lassen ...

Was dich weiterhin behindert, ganz in deine Potenziale und in deine Kraft zu kommen, sind viele alte Muster, die dich noch begleiten. Die kannst du nun Stück für Stück auflösen. Der Aufgestiegene Meister St. Germain und Erzengel Michael sind ausgezeichnete Helfer für diese Arbeit. Bitte sie einfach um Unterstützung.

Die Neue Energie beinhaltet viele weitere Attribute, die euch bislang noch nicht offenbart wurden oder von euch nicht wirklich erkannt sind. Nimm erst einmal diese Grundattribute an und lass dich weiter ein auf deinen eigenen Prozess. Auf den Prozess zu erkennen, dass du ein *multidimensionales Lichtwesen* bist.

Was macht einen Meister aus?

Der Meisterschafts-Prozess eines Menschen ist nicht ganz einfach zu bewältigen in der heutigen Zeit. Ich bin nie auf der Erde inkarniert gewesen, dennoch erlaube ich mir, euch diese Worte so weiterzugeben. Meine Freunde hier im geistigen Bereich, die, die auch inkarniert waren – St. Germain oder Tobias – berichteten mir ausführlich davon. Und natürlich sehe ich, was seit Anbeginn der Erdentwicklung mit den Menschenwesen geschieht, die sich in die Meisterschaft hineinbewegen. Jetzt ist eine andere, eine besondere Zeit. Es sind viele Faktoren in deinem Umfeld, die dich von dir selbst ablenken wollen. Auch das gehört zur Dualität. Du weißt, ich spreche von der Seite in dir, die ins Licht strebt, und der, die sich schwertut, an diesem neuen Selbst zu feilen. Selbstverständlich sind auch andere Menschen oder jenseitige Wesen, die zurzeit nicht im Licht stehen, nicht an deiner Weiterentwicklung interessiert.

Der Gang in diese Transformation ist als Klärung und als Reduzierung deines Daseins zu verstehen. Klärung, damit sind all die Reinigungsprozesse gemeint. Die Klärung der Muster, das Ausgleichen der niederen Charaktereigenschaften, die Beseitigung der nicht mehr zu halten wollenden Energien. Die Klärung geht weiter über die der Gedan-

27

ken hinaus. Das beinhaltet auch die Lenkung des Verstandes. Damit ist gemeint, dass du bestimmst, was von nun an mit dir geschieht, nicht die ständig auf dich einwirkenden Informationsströme, die energetisch um dich herumschwirren. Der Äther, das elektromagnetische Feld um dich herum, wimmelt nur so von Informationen. Es sind die, die andere dir senden, die generell im Morphogenetischen Feld gespeichert sind und die du gezielt annimmst. Täglich wirst du außerdem gespickt und bombardiert mit Informationen aus der Zeitung, dem Fernsehen, dem Internet und von Menschen, die um dich herum sind.

Klärung heißt auch Befreiung von alten Eiden, Schwüren, vielleicht auch Implantaten aus fernen Inkarnationen, die nicht einmal aus der Erdzeit sein müssen. Das Ziel ist, dass dein göttliches Selbst die Führung übernehmen will. Was gleichbedeutend ist mit: GOTT übernimmt die Führung. GOTT weiß, was gut für dich ist. Es ist wichtig, zu erkennen, dass blindes Vertrauen ohne jeglichen Zweifel zu GOTT unabdingbar ist. Viele Menschen haben in alter Zeit das Vertrauen zu der höchsten Instanz verloren. Bei vielen alten Seelen, die heute inkarniert sind, hängt dies mit dem Untergang von *Atlantis* und *Lemurien* zusammen. »Warum hat GOTT das zugelassen?« fragt der Zweifler. Nicht verstehend, dass alles im göttlichen Plan vorhanden ist, – auch diese gewaltigen, geschichtlichen, wie sie sich euch darstellen, Dramen.

Klärung ist auch räumlich zu verstehen: Kläre dein Haus, deine Wohnung, deine Pläne für deine Zukunft. Kläre deine Freundschaften. Wer passt noch zu dir, wer entwickelt sich in eine andere, für dich nicht stimmige Richtung? Manchmal sind auch Partnerschaften kritisch anzuschauen. Auch sie bedürfen einer »Beleuchtung«. Damit ist nicht gemeint, dass du deinen Partner verlassen sollst. Vielleicht reicht einfach die Klärung der Fronten, also festzustellen, ob ihr noch die gleichen Ziele verfolgt oder auseinander gewachsen seid. Du solltest keine Kompromisse mehr mit dir selbst schließen. Klärung von Abhängigkeiten gehören auch zu deinem Meisterschaftsprozess. Wer oder was mischt sich in dein Leben ein und bestimmt über Teile deines Daseins? Ob Partner, Eltern, der Chef, Freunde oder Stimulantia und Süchte wie Drogen und Ersatzbefriedigungen. Kläre diese Verbindungen. Erinnere dich: *Du bestimmst von nun an, was in deinem Leben passiert.* Du gehst in die *Eigenverantwortung*. Das musst du beherzigen.

Die Ablenkungen sind in deinem jetzigen Leben überall gegenwärtig. Beobachte deinen Tagesablauf: Was gehört zu deinen täglichen Bedürfnissen und Tätigkeiten und vor allem Gewohnheiten? Wie verbringst du deine Freizeit?

Beobachte, dass alle eure Medien, ob Fernsehen oder Zeitungen, nicht frei sind. *Sie* werden von der Weltwirtschaftsführung beeinflusst, und die beeinflussen euch. Dein Verstand nimmt alle diese Informationen auf und verarbeitet sie – oder auch nicht. Vielleicht prägen sie deine Meinungen oder sie lassen etwas unverarbeitet offen, das dir zu schaffen macht, dich verunsichert und dich sogar ängstigt. Große Geschehnisse, wie zum Beispiel Flutkatastrophen, sind ein gutes Messband für euch. Schaut euch die Berichterstattung an. Wie ist sie aufgebaut? Sachlich oder reißerisch? Nichts von dem, was du aufnimmst, bleibt ohne Wirkung. Bedenke dieses bitte bei der Planung deines Tages. Stelle fest, was du wirklich in deinen freien Stunden tun möchtest. Was macht dir Freude? Was erfüllt dein Leben? Was wolltest du immer schon einmal tun? Wende dich den Künsten zu, erkenne in ihnen die göttliche Hand. Vielleicht magst du selbst zum Pinsel greifen oder anders schöpferisch tätig sein? Sage nicht: »KRYON, das kann ich nicht. Schon als Kind hat man über meine Krickelei gelacht.« Wahrscheinlich handelt es sich hier um ein altes Muster. Jeder, der seine Göttlichkeit lebt, wird von ihr inspiriert und kann schöpferisch tätig sein. Was glaubst du, wie Van Gogh oder Mozart arbeiteten? Sie ließen sich göttlich inspirieren. Versuche du, auch den Schöpfer in dir zu aktivieren. Wie sagt ihr Menschen? »Versuch macht klug.« Ich möchte hinzufügen »und göttlich«.

Gehe viel in die Natur, sie wird deine Freizeit verzaubern. Gedenke der vielen Elementarwesen, die dir bei einem Spaziergang Kraft und Freude bringen, auch wenn du diese wundervollen Wesen (noch) nicht sehen kannst. Zeitvertreiben auf diese Art unterstützen deine Gottfindung.

Verstehe nun, eine Klärung auf allen Ebenen ist notwendig. Reinige dich, entferne das, was nicht mehr zu dir passt.

Auch körperlich beginnt eine Klärung und Entfernung alter Dinge, die nicht mehr stimmig für dich sind. Das meiste dieser Arbeit übernehmen wir, die Geistige Welt. Du wirst auf deinen neuen Status vorbereitet. Viele Helfer arbeiten an dir. Wir nutzen oftmals die Zeit, in der du schläfst oder in einem meditativen Zustand bist. Dann bist du in einer höheren Energie, und es ist leichter, diesen Dienst an dir zu versehen.

Du wirst erst einmal von vielem befreit, um dann geformt und aufgebaut zu werden. Wie bei einem Bildhauer, der zuerst viel wegmeißelt, um dann die feinen Strukturen herauszuarbeiten. All die Schönheiten, die sein Werk ausmachen, werden richtig zur Geltung gebracht. *Du* sollst nun all deine ehrenwerten Eigenschaften hervorholen und pflegen. All die edlen Potenziale, die dein Selbst ausmachen, werden auf Hochglanz poliert. Dann kannst du auch alte Potenziale, die noch nicht in deinem jetzigen Leben Einzug hielten, zu dir hereinbitten.

Ich spreche von deinen Qualitäten aus alten hohen Zivilisationen wie Lemurien und Atlantis. Sie sind in einem deiner höheren geistigen Körper gespeichert. Vielleicht lebst du nun deine Fähigkeiten aus zu heilen, mit dem Dritten Auge zu sehen und hell zu hören und zu fühlen. Vielleicht hast du das Potenzial, anderen Menschen zu helfen, sich zu erkennen, dann bist du ein Lehrer. Viele alte Lehrer sind zurzeit inkarniert. Dein Kontakt zur Geistigen Welt wird stabil. Du lernst später, dich zu teleportieren, du wirst geistige Reisen unternehmen, deine Nahrungsaufnahme wird reduziert und verfeinert. Du verbindest dich immer mehr mit deinem *Christusselbst*, deinem Höheren Selbst, um dann irgendwann die Führung ganz in seine Hände zu legen. Dein Inneres Kind möchte Heilung erfahren. Dein Herz muss vollkommen geöffnet und auch geheilt sein von alten Wunden, und vieles mehr wird mit dir geschehen.

Du wirst dir viele Dinge wie Arbeit mit Symbolen, die Lichtsprache, Wissen über die Planeten, über das Schöpfertum aneignen. Du wirst die Fähigkeiten schätzen lernen, dich direkt an den Zentralcomputer anzudocken und dich nach Herzenslust daran zu bedienen. Vieles steht schon für dich bereit, du musst einfach nur zugreifen. Wir unterstützen dich gerne.

Eines können wir allerdings nicht: Wir können dir diesen Weg nicht abnehmen. Es ist kein leichter Weg. Da sind diese körperlichen Umarbeitungsschmerzen, die dich begleiten, depressive Stimmungen können auftreten, zeitweilige Behinderungen in der Lebens- und Schaffenskraft. Es werden Menschen da sein, die dich nicht verstehen, du wirst oft die Einsamkeit suchen. Kurz, du wirst umgestülpt, transformiert. So, wie die Erde in eine neue Umlaufbahn geht und sich transformiert, so möchte sich der Mensch auch parallel dazu bewegen und geht einen ähnlichen Weg.

Einige von euch werden die Erde verlassen und schnell wiederkommen, um sich weiter zu entwickeln. Sie werden den Entwicklungsweg der dritten Dimension weiter mitmachen und zu einem späteren Zeitpunkt den Aufstieg wählen. Wie du dich auch entscheidest, dein Weg ist das Ziel. Wir stehen hilfreich an deiner Seite.

Vieles von dem Wissen, was als Geheimlehre oder als Mysterium zu allen Zeiten vorhanden war, ist euch heute durch menschliche oder andere Medien, durch Bücher und Schriften einfacher zugänglich. Zu früheren Zeiten war der mündliche Weg von einem zum anderen vorrangig. Den tiefen göttlichen Kern dieser Botschaften, die wahre Erkenntnis wirst du allerdings nicht nachlesen können. Diese Botschaften erreichen dich durch die Göttliche Instanz. Sie werden dem Suchenden direkt vermittelt durch das eigene *Göttliche Selbst*.

Die Öffnung deines Herzens

Du, der Mensch, der du hier auf der Erde deine interdimensionale Entwicklung ansteuerst, du, der du Teil aus der Quelle bist und der sich bereit erklärt hat, dem Universum zu dienen, kommst an einem Entwicklungsschritt nicht vorbei: *Der Öffnung deines Herzens.*

Stell dir einfach vor, dass du – tief ins Vergessen gestürzt – nun in die Richtung deines Erwachens gehst. All deine Erfahrungen auf diesem Planeten der tiefen Materie sind dualistisch geprägt und verlieren langsam an Wichtigkeit in deinem Leben. Deine Muster lösen sich langsam, Stück für Stück, auf. Du lernst, deine Angstgefühle auszuvibrieren und zu lenken, und viele andere Attribute, über die ich hier spreche, treten in dein Leben oder verlassen dich. Ein Schritt ist als Kernschritt zu betrachten: *Die Öffnung und Klärung deiner Herzensenergie.*

Du machtest viele Erfahrungen, die mit Gefühlen verbunden sind. Sie sind tief in den Zellen deines Emotionalkörpers gespeichert. All die Erfahrungen mit anderen Menschen, alle deine Gefühlsreaktionen sind festgehalten. Manche Erfahrungen waren karmisch. Da dein Karma weggeht, verlassen diese Gefühle dich ebenso. Die anderen, noch verbliebenen Regungen jeglicher Art wollen nun auch aufgelöst, geklärt und befreit werden. Du konntest in anderen Zeiten oft keine klärenden Erfahrungen sammeln, da du in deinem Herzen bewusst gesetzte Implantate hattest. Sie stammen noch aus der alten Zeit der nicht freien Erde und werden jetzt entfernt von deinen geistigen Helfern.

Du weißt ja, dieses Buch zu lesen bedeutet, in der Jetztzeit zu sein. Wir sind *jetzt* hier miteinander verbunden, und ich möchte dir jetzt diese kleine Übung anbieten:

Mache es dir bequem, entspanne dich, atme dreimal tief durch und konzentriere dich auf dein Herz. Gehe ganz intensiv mit deinem Gefühl in dein Herz hinein und nimm Kontakt auf. Du kannst dir gerne vor deinem geistigen Auge ein Herz vorstellen, in der dir bekannten Form. Dann verweile dort inniglich und frage geistig nach innen: »Liebes Herz, ich begrüße dich. Ich freue mich, dich jetzt zu spüren und frage dich: Wie geht es dir?« Dann lausche in dich hinein. Du kannst mit jedem Teil deines Körpers beziehungsweise deiner Körper Kontakt aufnehmen. Jeder Teil von dir ist in der Lage, dir zu antworten. Du wirst eine Antwort erhalten. Es kann in Form einer klaren Aussage in Worten sein oder auch ein Gefühl. Ich glaube, du empfängst Worte. Du empfängst vielleicht: »Oh, ich freue mich, dass du mich endlich beachtest. Ich dachte schon, ich bin dir gar nicht wichtig«. Oder: »Oh, ich freue mich, dass du mich ansprichst. Mir geht es gut. Es wäre schön, wenn du mehr auf mich hören würdest. Ich habe dir zu verstehen gegeben, dass die Begegnung mit der und der Person dir nicht guttut, aber du hast eine andere Entscheidung getroffen.« Vielleicht sagt dein Herz dir: »Ich brauche mehr Ruhe, schenke mir bitte mehr

Ruhe.« Du kannst diese Begegnung zeitlich unbegrenzt fortsetzen, zum Beispiel, indem du fragst: »Was kann ich für dich tun, liebes Herz, damit es dir gut geht?« Vielleicht sagt dein Herz dir, dass es eine Farbe möchte. Dann lenke diese Farbe mit deinem Bewusstsein in dein Herz. Oft ist es die Farbe Grün oder Rosa, es sind die typischen Heilfarben für den Herzensbereich, es kann aber auch eine andere Farbe sein.

Wenn du möchtest, beende langsam diese Übung. Besuche dein Herz bitte öfter.

Die Öffnung des Herzens ist vielfältig zu verstehen. Du bist ja ein multidimensionales Lichtwesen, und dementsprechend sind erfahrene Begegnungen sehr vielfältig. Sie müssen nicht nur von der Erde stammen. Das Ziel dieser Öffnung ist, dass dein Herz offen ist für jegliche neuen Begegnungen und nicht mit dem alten Erfahrungsschatz aufwartet und vergleicht. Viele Menschen, die auf Partnersuche sind, kennen das gut. Sie wurden von ihrem letzten Partner enttäuscht und verlassen und haben nun Angst, dass dieses wieder passiert, oft nicht ahnend, dass diese letzte Erfahrung ein Muster aus alter Zeit sein kann. Vielleicht war die Verbindung zu dem letzten Partner deshalb nicht praktikabel, weil da schon die alten Barrieren wirkten. Du kannst dir gerne vorstellen, dass dein Herz so verschlossen ist, als wäre Stacheldraht drum herum gewickelt oder große Schutzwälle wären aufgebaut. Diese Schranken müssen entfernt werden. Das funktioniert durch Auflösen der Muster mit deinen geistigen Helfern und durch Meditationen, innere Gespräche und die Bewusstwerdung im täglichen Leben.

Du kannst dir zum Beispiel jederzeit plastisch vorstellen, wie dein Herz sich öffnet wie eine Blume, wenn du wieder einmal fühlst, wie verschlossen dein Herz ist. Es ist eine kleine Übung, die überall vollzogen werden kann, auch in der Öffentlichkeit.

Schließe kurz die Augen oder richte mit offenen Augen deinen Blick starr auf ein bestimmtes Ziel. Dann konzentriere dich auf dein Herz. Stell dir vor, es ist eine Rose oder eine Lotosblume und schaue zu, wie sich diese Blume Blatt für Blatt öffnet. Dann ist sie ganz offen und du fühlst den Grund, den Blütengrund, das Zentrum deines Herzens. Du wirst spüren, wie sich dein Herz ganz wohl anfühlt, warm und weich, ein leichtes Glücksgefühl kann dich jetzt durchströmen. Versuche, dieses Gefühl so lange wie möglich zu halten.

Ich sagte schon: *In Angst oder im Nichtgefühl zu sein ist Abwesenheit von Liebe.* Du kannst dein Leben völlig anders gestalten und erleben, wenn du immer mehr, immer länger und öfter im Gefühl der Liebe bist.

Ich höre dich sagen: »KRYON, wie soll denn das gehen? Ich bin den ganzen Tag im Büro. Du solltest es dir einmal anschauen, wie es da zugeht. Da ist oft Streit und Unruhe, Eifersucht, viel Stress. Ich bin abends völlig ausgelaugt. Ich kann mir nicht vorstellen, dass diese Übung helfen soll.«

Ich antworte dir gerne: Diese Situation des Büroalltags ist geradezu ein Paradebeispiel, wie diese Übung dir helfen kann. Probiere es aus. Versuche, so wie du merkst, Wut, Angst oder andere unerwünschte Energien steigen in dir auf. Erinnere dich an die Rose, an das wunderbare Liebesgefühl. Versuche, dieses Liebesgefühl herbeizuholen und so lange wie möglich zu halten. Versuche es immer wieder. Das Endziel ist, fortwährend in diesem Wohlgefühl zu sein. Es ist möglich, du musst es einfach immer wieder probieren.

Du weißt, dass viele geistige Helfer in deinem Energiefeld mit dir arbeiten, wenn du sie bittest, da zu sein. Viele der Aufgestiegenen Meister sind Spezialisten. Es gibt auch Spezialisten für Herzensenergien: Die Energie von Mutter Maria hilft dir gerne, dich mit deinem Herzen mehr auseinanderzusetzen und es zu öffnen. Weitere Herzensspezialistinnen sind Lady Nada/Maria Magdalena. Diese Liste ist beliebig zu erweitern. Rufe sie an, und bitte sie um Unterstützung. Sie kommen gerne.

Mutter Maria hat sich vielen Menschen zugewandt, vielen alten Seelen, die sich für diese Inkarnation besondere Themen ausgesucht haben, die sie hier bearbeiten wollen. Es sind Themen, die etwas mit der Kindheit zu tun haben. Themen wie, ohne Mutter groß geworden zu sein, oder mit einer Mutter, die nicht in Liebe mit sich selbst war. Selbst Themen wie Missbrauch jeglicher Art gehören dazu.

Vielleicht gehörst du auch zu diesen Menschen?

Ich möchte dich bitten, zuerst eine weit verbreitete Einstellung zu ändern: *Befreie dich von der Vorstellung, Opfer zu sein.* Erkenne, du hast dir alles selbst ausgesucht, was du erlebtest. Mache keinen anderen Menschen für deine Geschicke oder für deine Kindheit verantwortlich. Erkenne, dass deine Eltern so waren, wie du es wolltest. Erkenne, dass du kein Opfer bist, sondern eine Seele, die Erfahrungen sammelte und die nun weiß, es ist an der Zeit loszulassen. Du darfst loslassen. Lasse all die traurigen Er-

37

fahrungen deiner Kindheit und andere los. Dabei ist dir Mutter Maria gerne behilflich. Sie arbeitet energetisch mit dir. Oft merkst du es nur durch ein wohliges Gefühl im Herzen. Manche von euch haben guten geistigen, bildlichen Kontakt und können sie sehen. Wenn du Maria bittest, da zu sein, hüllt sie dich gerne in ein hellblaues Schutzgewand ein, oder sie wiegt dich in den Armen, wie eine leibliche Mutter. Maria ist für jede Seele da, die sie um Hilfe bittet. Nimm diese Hilfe an, es ist nicht mehr notwendig, in diesem Drama Mutter/Vater/Kind noch länger verhaftet zu sein. Selbstverständlich ist auch der Meister Jesus Christus ein Spezialist in Sachen Herzensöffnung und jederzeit für dich ansprechbar.

Es gehört zu deiner Befreiung, dein Herz zu öffnen. Im hinteren Teil des Buches findet du eine spezielle Meditation für die Herzensöffnung. Die möchte ich dir näher beschreiben und erklären:

Du hast phantastische innere Welten, mit denen du effektiv arbeiten kannst, dein vielfältiges Dasein kennenzulernen. Durch die feste Verbindung zwischen uns, der Geistigen Welt und dir, durch die Lüftung des Schleiers ist es uns möglich, gemeinsam mit dir diese wunderbare Klärungsarbeit zu initiieren.

Diese Meditation wird von dem Meister Jesus Christus begleitet. Jesus Christus öffnet dir dein Herz, und es ist dir möglich, durch geistiges Schauen oder Fühlen zu sehen, was aus deinem Herzen gehen darf. Jede Meditation dieser Art ist von uns inspiriert und vorbereitet. Stell dir vor, dass gerade dann das richtige Zeitfenster ist, um störende Herzensdinge zu entlassen. Du wirst erstaunt sein, was da alles aus deinem Herzen herauskommt. Es können Steine sein, klebrige alte Energien, die herausfließen. Vielleicht verlässt ein Mensch dein Herz, der nun endlich gehen kann. Es ist vielleicht eine alte Liebe oder ein anderes, dir nahestehendes Wesen. Manchmal triffst du auch Verstorbene, die zur Unterstützung an deiner Seite sind und es dir kundtun wollen, oder es sind Seelen, die dich verlassen haben und dir noch etwas sagen möchten, was deine Herzensheilung unterstützt.

Manchmal dürfen auch alte Muster gehen, die du noch mit dir herumschleppst, wie mangelndes Selbstbewusstsein, verloren gegangenes Gottvertrauen, Angst verlassen zu werden. Schaue dir diese Dinge, die gehen wollen, genau an und lasse sie in Liebe gehen. Wenn es Menschen sind, versuche, zu ihnen Kontakt aufzunehmen. Sie wollen dir vielleicht etwas sagen. Diese Worte nimmst du als Gedankenstrom oder als Gefühl wahr. Wenn du das Gefühl hast, das Herz ist geleert, nichts will mehr kommen, dann wirst du spüren, dass Erzengel Michael in deiner Nähe ist, um dich zum Abschluss energetisch zu reinigen. Das geschieht mit seinem Lichtschwert. Diese Behandlung fühlst du am Körper, wahrscheinlich siehst du sie auch. Bleibe so lange in dieser Meditation, bis du spürst, dass es beendet ist.

Deine Herzensöffnung ist ein Prozess, der nicht von heute auf morgen geschieht. Es wird eine gewisse Zeit dauern, bis du spürst, dass dein Herz offen und frei ist. Unsere Unterstützung ist dir gewiss.

Wenn du zu den Menschen gehörst, die sich einen Lebenspartner wünschen, möchte ich dir sagen, mit weit geöffnetem Herzen findest du den passenden Partner leichter. Du ziehst ihn durch dein verändertes Magnetfeld an. Die Reinigung und Öffnung des Herzens ist, energetisch betrachtet, eine Veränderung deines elektromagnetischen Feldes um dich herum. Dein Feld kann sich so verändern, dass du den Menschen, der energetisch zu dir passt, nun anziehst.

Es ist dir außerdem möglich, in Zusammenarbeit mit deinem Höheren Selbst an diesem Wunsch co-kreativ zu arbeiten.

Und jetzt fühle in dein Herz hinein. Ist es weit geöffnet?!

Des Menschen alte Muster

Wie schon vorher berichtet, ist das Karma gelöscht, wenn du durch deinen Klärungsprozess, in dem du die Neue Energie empfangen hast, gegangen bist. Das ist ein Geschenk von GOTT. Der Teil von dir, der aus der Quelle stammt, hat sich bereit erklärt, sich nun in eine andere Lernebene zu begeben, nämlich in die der *Meisterschaft*. Diese Meisterschaft macht viele Attribute aus, über die wir hier weiter sprechen werden. Alle zu erforschenden und anzunehmenden Attribute, Erscheinungen, Wesenszüge, Teilaspekte und andere Dinge werden nun entdeckt, hervorgehoben, ausgearbeitet und vervollkommnet. Und Aspekte und Formen an dir, die nun langsam keine Gültigkeit mehr haben, dürfen entlassen werden.

Eine der wichtigsten Entlassungsarbeiten ist das Auflösen deiner alten Muster. Alte Muster sind Erlebnisse und Erfahrungen einer ganz bestimmten Art, die sich in deinem Emotionalkörper manifestiert haben und bei passender Gelegenheit immer wieder zum Vorschein kommen. Du kennst es genau. Es sind die Störfaktoren, die immer wieder durchbrechen, die dich hindern, klar zu werden; die dich hindern, ganz frei von emotionalen und unverständlichen Vorurteilen zu reagieren. Ein *Meister* reagiert frei und ohne haftende Muster. Ein *Meister* ist

41

immer im Hier und Jetzt und erledigt seine Begebenheiten und Aufgaben im Leben mit klarem Herzen und klarem Geist.

Ein Beispiel: Alte Muster sind Erfahrungen, die du als negativ bezeichnest. Ich möchte hier der Einfachheit halber einige der alten Muster aufzählen, weil du, der du dieses hier liest, dich darin wieder erkennst. Es betrifft jeden Menschen. Versuche bitte nicht, dich in Schuldzuweisungen zu ergehen. So etwas wie:»Oh KRYON, ja, das ist mein Muster. Wie konnte ich nur so etwas annehmen? Was bin ich doch für ein unvollkommenes Wesen. Das konnte auch nur mir passieren?«

Ja, ich höre dich. Diesen Wortschatz streiche bitte und sei gewiss, dass nicht nur du von diesen Mustern behaftet bist, sondern alle anderen Menschen ebenso. Der eine oder andere hat sich vielleicht schon ein wenig der Altlasten entledigt, aber ganz frei davon sind eben nur die, die schon die Schwelle der *Meisterschaft* überschritten haben.

Zürne nicht mit dir, sei in Liebe und erkenne, dass jetzt der richtige Zeitpunkt ist, zu beginnen, dich von diesen Hemmschuhen und Stolpersteinen zu befreien.

Es sind Wiederholungsreaktionen, die diese Muster ausmachen, Agitationen und Gedankenmuster. Nicht nur Taten, auch Gedanken setzten viel in Bewegung, denn Gedanken sind Taten im Geiste. Merke dir diesen Satz gut. *Gedanken sind Taten im Geiste, die sich selbstverständlich über kurz oder lang manifestieren.* Das heißt, wenn du denkst: Ich bin es nicht wert, in Fülle zu sein, kommt die Fülle auch nicht zu dir.

Hier ein paar typische Tat- und Gedankenmuster, in denen du dich vielleicht wiedererkennst:

- Du triffst einen Menschen, mit dem es eine Meinungsverschiedenheit gibt. Du traust dich nicht, deine Meinung zu vertreten, aus Angst vor den Folgen.
- Man bittet dich um etwas. Eigentlich weißt du, dass es für dich nicht stimmig ist, aber du magst nicht nein sagen.
- Im Beruf geht es um eine Beförderung oder einen besseren Arbeitsplatz. Du traust dich nicht, dich zu bewerben. Dein Denkschema ist: Die nehmen mich ja doch nicht. Es gibt andere, die besser sind als ich.
- Innerhalb einer größeren Gruppe geht es darum, eine feste Meinung zu vertreten. Es geht um eine wichtige Entscheidung. Deine Meinung wäre eine außergewöhnliche. Du traust dich nicht.
- In deiner Beziehung geht es mal wieder um Grundsätzliches. Du kannst deine Meinung nicht vertreten, weil deine Mutter dich anders erzogen hat. »So etwas tut man nicht.«
- Du erkennst in einer Meditation oder einer anderen, bewusstseinsoffenen Situation, was du wirklich in deinem Leben tun möchtest, was du verändern kannst. Du hattest eine wundervolle, klare Eingebung. Du traust dich nicht, den entscheidenden Schritt zu tun und denkst: Vielleicht waren meine »Einsichten« einfach nur Phantasie?
- Dein Leben ist an einem Punkt angelangt, wo eine neue Lebensphase anbricht. Vielleicht sind deine Kinder aus dem Haus. Du möchtest dir einen Beruf suchen. Du traust dich einfach nicht, nach so langer Pause noch einmal neu anzufangen. Das schaffe ich bestimmt nicht, ich bin viel zu alt.

• Dein jetziger Beruf macht dir schon lange keine Freude mehr. Du möchtest aussteigen. Endlich das tun, was dir wirklich Spaß macht. Aber du traust dich nicht.
• Deine innere Stimme sagt dir, die Arbeit mit Kindern hat dir schon immer Befriedigung gegeben. Aber es gibt Stolpersteine, die dich hindern, deine Berufung umzusetzen.

Diese Liste kann beliebig verlängert werden. Hast du dich erkannt?

Traue dich, du selbst zu sein, tue und sage, was du wirklich willst. Deine eigene Göttlichkeit wartet nur darauf, dir bei der Umsetzung deiner wahren Bestimmung und bei der Behauptung deines Selbst behilflich zu sein.

Hier eine Liste der Gedanken, die dich hindern, in deine Kraft und in dein Potenzial zu kommen:

• Das kann ich ja doch nicht!
• Was soll mein Partner dazu sagen!
• Dafür bin ich doch schon zu alt!
• Andere können das viel besser!
• Das ist bestimmt nicht für mich gedacht!
• Das habe ich nicht verdient!
• Da muss ich erst noch eine lange Zeit dienen, bis ich das verdient habe!
• Zu mir kommt keine Fülle, die bekommen nur andere!
• Heute regnet es. Da ist der Tag sowieso vermasselt. Nichts wird mir gelingen!
• Das kann ich immer noch tun, wenn das und das passiert ist. Ich warte erst mal ab, damit bloß nichts schiefläuft!

- Zum Meditieren darf ich mir keine Zeit abzweigen. Mein Beruf/Haushalt ist wichtiger!
- Andere sind viel spiritueller als ich!
- Der »richtige« Lebenspartner wird mir nie begegnen!
- Andere sind viel hübscher, lieber und patenter als ich!

Alle diese Muster sind geschaffen worden in vergangenen Leben oder in Zeiten dieses Lebens. In der Kindheit, Jugend, in Beziehungen (Vater, Mutter, Freunde, Partner).

Für Menschen, die in heilerischen Berufen jeglicher Art in diesem Leben arbeiten möchten, gibt es oft Hemmschwellen aus alter Zeit, die sie hindern, in ihre Kraft zu kommen. Das hängt damit zusammen, dass sie wahrscheinlich in anderen Leben für ihre heilerische Tätigkeit bestraft wurden. Denke an den Machtmissbrauch in alten Epochen, zum Beispiel in Atlantis. Es sind viele alte Seelen jetzt inkarniert, die ihren einstigen Machtmissbrauch ebnen und hier in Liebe dienen wollen. Viele alte Seelen, die Heiler waren und sind, haben schlechte Erfahrungen im Mittelalter gemacht, wurden dort gefoltert und verbrannt, weil sie Menschen halfen. Diese Erfahrungen sind tief in den Zellen gespeichert.

Ebenso haben einige Seelen sich für diese Inkarnation das Thema »Lieblose, einsame Kindheit« ausgesucht. Sie wollten erfahren, wie es ist, ohne Mutterliebe und zum Teil mit Misshandlungen durch die Kindheit zu gehen. Alle diese Erinnerungen und gespeicherten Verhaltensmuster dürfen jetzt gehen.

In einer geistigen Führung, einer Meditation, kannst du mit den Meistern St. Germain, Jesus Christus und Erzengel Michael an deinen Mustern arbeiten. Sie löschen sie

45

gerne für dich. Im Anhang findest du eine Meditation, die du jederzeit anwenden kannst.

Es ist auch möglich, dass du mit alten Schwüren und Eiden belegt bist. Stell dir einfach vor, du hast einmal einer religiösen Gemeinschaft geschworen, niemals mehr von weltlichen Dingen (Gemeinschaften, Geld, Luxus) abhängig zu sein und dem fortan zu entsagen. Wen wundert es, wenn das ersehnte Geld oder andere lebenserforderliche oder erfreuliche Dinge auch in diesem Leben nicht zu dir finden.

Es gibt auch Schwüre, die beinhalten, dass man einem Menschen in einer Partnerschaft ewige Treue bis über den Tod hinaus geschworen hat. Deshalb funktionieren wahrscheinlich die Partnerschaften hier in diesem Leben nicht.

Ebenso gibt es Schwüre und Gelübde aus anderen, nicht irdischen Ebenen und Zeiten, die auf dir liegen können. Du solltest sie unbedingt lösen.

Verstehe, dass nicht *alle* Muster auf einmal gelöscht werden können. Das ist ein Prozess. Oft musst du in eine spezifische Situation kommen, um es dann loszulassen. Manchmal ist es auch so, dass deine geistigen Helfer schon an dir arbeiten, dass sie einiges an die Oberfläche geholt haben. Und manchmal befreiten sie dich von Mustern, ohne dass du es gemerkt hast.

Deine geistigen Helfer arbeiten natürlich energetisch und klären dein elektromagnetisches Feld von diesen alten Angelegenheiten.

Es ist immer gut, die Geistige Welt um Hilfe zu bitten. Wir sehen dich in deiner Ganzheit. Wir können alles erkennen, was für dich zu tun ist. Es gibt auch autorisierte Menschen, die mit Energiearbeit klären können. Es

gibt verschiedene Energie-Arbeitstechniken. Also überprüfe, ob das von dir ausgewählte Hilfsmittel das passende
für dich ist.

Wichtig ist, zu erkennen, dass es unerlässlich für deinen
Weg ist, dich zu klären. Und wenn du dich manchmal sehr
unwohl und traurig fühlst in all dieser Klärungsarbeit, erinnere dich daran, wie sehr du geliebt und geehrt bist für
deinen Dienst auf der Erde.

Die innere Gelassenheit und das Loslassen

Viele von euch Menschen glauben, spirituelles Leben sei eine ganz ernsthafte Angelegenheit. Sie glauben, jeder Schritt sollte mit großem Ernst getätigt werden. Wir ehren euch dafür, dass ihr eure Entwicklungsschritte mit der notwendigen Disziplin angeht. Aber keiner hat von euch verlangt, den Spaß und die Lebensfreude einzubüßen. Wir hier, auf der anderen Seite des Schleiers, haben viel Spaß in unserer Art und Weise unseres Dienstes und unseres Daseins. Wir bauen in unsere Arbeit viel Humor und Heiterkeit hinein. Unser Dienst mit euch bereitet uns viel Vergnügen.

Wenn du es so verstehen magst: Ich bin voller göttlicher Liebe unterwegs, um meinen Lieblingsjob zu machen. Die Gruppe KRYON ist direkt mit GOTT verbunden. Ich ehre die göttliche Quelle. Auch und gerade weil Humor zu den göttlichen Qualitäten gehört. Wir hier tun unseren Dienst mit Leichtigkeit und Humor. Wir haben auch viel Spaß, und wir sind manchmal albern – meine Partnerin kann ein Lied davon singen. All das sind göttliche Eigenschaften.

Wo sind deine fröhlichen, göttlichen Qualitäten? Wo hast du sie versteckt? Mir sei eine persönliche Bemerkung gestattet: Meine Partnerin, die dieses gerade von mir empfängt, stutzt, fängt schallend an zu lachen und sagt: »Das ist genau mein Thema. Ist das ein Zufall?« Nein. Ihre Aufgabe ist es unter anderem, all das, was sie hier empfängt, selbst zu beschreiten, zu erleben und auszuagieren, damit sie später auf ihren Channelingreisen den Menschen aus eigener Erfahrung berichten kann. Das gehört zu *ihrem* Vertrag.

Ich möchte dir eine kleine, lustige Episode aus der Arbeit mit meiner Partnerin Barbara erzählen:

Während unserer Zusammenarbeit an diesem Buch habe ich ihr zwischendurch, als sie sehr erschöpft war von der langen Computerarbeit, im Geiste eine Krone aufgesetzt. Ein kleines Dankeschön sollte es sein, eine Ehrung. Um ihr zu demonstrieren, dass wir *EINS* sind, setzte ich mir auch eine Krone auf. Ich habe sie aber schnell wieder abgenommen, denn um mich herum war schallendes Gelächter. Meine lieben Freunde fanden es sehr komisch. Eine Krone steht mir wohl nicht …

Bei all deinem spirituellen Eifer vergiss also nicht, deine göttlichen Spaßqualitäten zu leben, die auf jeden Fall hier zum Erdendasein dazu gehören. Lasse einfach los. Spaß zu haben ist auch ein Grund deines Hierseins und Bestandteil deines Erdvertrages, den du mit dem Universum geschlossen hast. Sonst würdest du ja einen Teil GOTTES ablehnen, oder?

Ich kann dir versichern, wenn du dich langsam in diese Art deiner Eigenverliebtheit begibst, wirst du spüren, dass es deinem göttlichen Selbst auch nach diesen schönen göttlichen Eigenschaften gelüstet, spontan fröhlich sein, zu lachen, sich zu befreien von Energie, die du gerade hältst. Vielleicht sind es sogar Energien von anderen, die du hältst, mit denen du dich beschäftigst. Lasse los, trete von deinem Tun ein Stück zurück und gehe in deine göttlichen Eigenschaften, die dir mitgegeben wurden. Erkenne dich in Liebe, lache auch mal über dich, wenn du wieder mal in ein Muster gefallen bist, und nimm es dir nicht übel.

Du kannst sogar soweit gehen, wenn es dir hilft, in deinem Tagesplan eine Stunde für Fröhlichsein, Lachen, Tanzen und Spielen zu reservieren. So wie ihr westlichen Menschen dazu neigt, alle Aktivitäten in Termine zu gliedern, so kannst du dir gerne einen Teil des Tages für diese schönen Dinge reservieren. Vielleicht steht dann in deinem Kalender: 12 Uhr: »Tanzen mit KRYON« (Ich mache mit!) oder 10 Uhr: »15 Minuten Lachen, auch über mich selbst«.

Ist es nicht ein wunderbares, göttliches Spektakel, auf das du dich hier eingelassen hast? Auf diese interessante, phänomenale Durchgangsstation Erde hast du dich eingelassen, und es ist wirklich nur ein Bruchteil deines gesamten Daseins. Es ist ein spannendes, kribbelndes Abenteuer mit Aufstiegsgarantie. Ob in diesem Leben oder in einem der nächsten – denn viele von euch planen bereits ihr nächstes Leben – ist dir dein Aufstieg, dein Verlassen der Erde und ein Weitergehen in andere Ebenen und Galaxien gewiss. Ist dieses Schauspiel nicht sogar komisch? Erkenne den kosmischen Humor. Erfülle deine Verträge mit Lust und Liebe. Tanze auf dem himmlischen Tanzparkett GOTTES, und sei dir deiner *Göttlichkeit* bewusst!

Dir kann nichts passieren! Du bist ein Teil von GOTT. Ist das nicht fabelhaft? Tanze den Tanz deiner Befreiung und gib dieses ekstasische Lebensgefühl an andere Seelen – die dieses annehmen wollen – gerne weiter.

Die menschliche Angst

Du, lieber Mensch, lebst hier auf der Erde, dem Schulungsplaneten der dichtesten Materie. Materie ist verdichtetes Licht. Und hier erfährst du, wie es ist, tief ins Vergessen gestürzt zu sein. Du erinnerst dich nicht mehr, wer du wirklich bist. Wie ich schon beschrieb, bist du ein multidimensionales Lichtwesen. Da du dich nur langsam erinnerst, wer du bist, lebst du in dem, was wir als *das tiefe Vergessen* bezeichnen. Abgeschieden von deinem Höheren Selbst verbrachtest du so eine lange Zeit seit dem Untergang von Atlantis. Von da an begann der Sturz in die tiefe Materie. Nun beginnst du dich zu erinnern. Dieses Erinnern bringt Sicherheit mit sich. Zu Anfang beschleicht dich vielleicht ein wenig Unsicherheit oder sogar Ängstlichkeit. »Ist das alles wahr, KRYON, was du uns da sagst, wer wir sind?« Ja, erinnere dich. Nimm deine Einheit wieder an. Deine Selbstsicherheit soll dich langsam von dem, was du als Angst empfindest, lösen.

Der zweite Punkt, der Wichtiges zum Angstverstehen beiträgt, ist die Tatsache, dass du hier in der Dualität lebst. Du sammelst Erfahrungen in tiefer Materie durch das Erleben der Polarität. Das Lernen durch die Umsetzung in Erfahrungen von *Gut und Böse*. Du denkst und unterscheidest in

52

Polen, in zwei Gesetzen, die gegenüberliegen. Du unterscheidest in Dingen wie Hell – Dunkel, Weiß – Schwarz, Nett – Unfreundlich, Zu früh – Zu spät, das lässt sich beliebig ergänzen. Durch die Entlassung deines Hauptdaseinsgrundes auf der Erde, nämlich durch karmische Interaktionen zu lernen, befreit vom Karma, gehst du nun in eine andere Richtung. Du interagierst ohne Dramen und geführte Erlebnisse. Du bist frei und entscheidest selbst.

Deine angesammelten Erfahrungen brachten eines mit sich: die Angst. Angst gehört zur Dualität.

Diese Angst lässt sich eindämmen, sie wird verringert durch die Auflösung der menschlichen Verhaltensmuster (siehe Kapitel Muster) und durch den damit eingeleiteten Schritt in die *Meisterschaft*. Aber ganz verlassen wird sie dich hier auf diesem Schulungsplaneten Erde nie.

Nun hast du die Möglichkeit, deine Angst im Zaum zu halten, denn ein Meister bestimmt selbst, was mit ihm geschieht. Also, gib der Angst keine Chance, dich zu beeinflussen. Lass statt Angst Liebe in dein Leben treten. Denn *Angst ist das Gegenteil von Liebe.*

Das führe dir immer wieder vor Augen: Angst ist das Gegenteil von Liebe. In Angst zu sein bedeutet, aus der Liebe herausgetreten zu sein.

Was kannst du also tun, wenn dich in irgendeiner Situation die Angst übermannt? Du gehst sofort mit deinem Bewusstsein in dein Herz hinein. Denn dort wohnt die Liebe. Es ist ganz einfach: Geh mit deinem Bewusstsein in dein Herz hinein, gehe ganz ins Gefühl. Dann wird die Angst sich glätten, sie wird nicht mehr dieses negative Gefühl in deinem Körper, meist in deinem Solarplexus, halten. Die Angst legt sich, du bist wieder ausgeglichen.

In deinem Herzen zu sein bietet innere Sicherheit. Da hat die Angst keine Chance, Verwirrung zu stiften. Verbinde dich mit deinem Herzen, deinem inneren Licht, dann bist du frei. Dein Höheres Selbst hat, energetisch gesehen, auch seinen Platz in der Höhe des Herzens. Wenn du schon mit deinem Höheren Selbst Kontakt hast, gehe sofort in diese Verbindung hinein, wenn die Angst dich befällt, und bitte um Liebe und Unterstützung.

Noch eine Hilfe für dich, wenn du in einer akuten Situation bist: Nehmen wir an, du stehst vor einem wichtigen Gespräch im Beruf oder mit deinem Partner und erwartest aufgeregt, mit leichter Angst dieses Zusammentreffen. Dann atme, atme tief in dich hinein. Ja, daher stammt eurer Ausspruch in brenzligen Situationen: »Jetzt erst einmal tief durchatmen und dann durch!« Ich spreche hier allerdings von einer besonderen Art der Atmung, von der intensiven *Pranaatmung* (die im hinteren Teil dieses Buches genauer beschrieben ist). Verbinde dich in so einem Moment der Angst oder sogar der leichten Panik sofort mit deiner Pranaröhre und nimm einen oder mehrere konzentrierte Energieatemzüge. Prana ist göttliche Energie, es ist Energie aus der QUELLE. Göttliches Licht wird dich durchströmen, und die Angst legt sich. Wahrscheinlich bist du dann relativ klar und gehst außerdem energiegeladen, vielleicht leicht schwebend, göttlich geleitet in dein Gespräch.

Die Angst verschwindet in dieser Erdinkarnation nicht ganz aus deinem Leben, auch wenn du durch den Transformationsprozess gehst und in der Neuen Energie bist. Sie gehört zu diesem Erdenleben, aber du kannst sie mindern und lenken. Probiere es einfach aus.

Noch eine interessante Information für dich: All diese Angstmuster, die Strukturen der Angst sind im Emotionalkörper gespeichert und auch im physischen Körper zu spüren. Jedes Angstmuster ist mit einer bestimmten Körperstelle verbunden. Das kannst du selbst prüfen, indem du dich ganz gezielt in eine nicht gute Erinnerung hinein führst. Begib dich in ein negatives Erlebnis. Du wirst spüren, wo, an welcher Stelle deines Körpers diese Energie gespeichert ist. Mit Hilfe von gezielter Liebesenergie kannst du dieses Muster selbst löschen. (Anleitung im hinteren Teil des Buches bei der Pranaatmung).

Ihr habt in der deutschen Sprache übrigens passende Redewendungen für bestimmte Schreckmomente, die auch mit Angst zu tun haben und körperorientiert sind: Mir ist eine Laus über die Leber gelaufen. Oder: Der Schreck ist mir in die Knochen gefahren. Oder: Ich habe mich fast zu Tode erschreckt. Oder: Das ist mir an die Nieren gegangen. Oder: Das habe ich mir sehr zu Herzen genommen.

Beschäftige dich mit deinem Körper, fühle, wo die Angst sitzt, und befreie dich von ihr oder mindere sie durch Ausvibrieren.

Sei in dich selbst verliebt!

Hast du dir schon einmal vorgestellt, wie es ist, wenn du dich selbst liebst? Ich möchte hier nicht von Egoismus sprechen, das ist nicht mein Thema. Wenn ich dich anspreche und dich bitte, liebe dich selbst, dann ist damit ein ganz anderer Vorgang gemeint.

Vielerorts steht geschrieben: »Liebe deinen Nächsten«. Die Steigerung ist: »Liebe deinen Nächsten wie dich selbst«, so steht es auch in vielen heiligen Schriften.

Aber, was ist, wenn du dich selbst gar nicht lieb hast? Ich meine, wenn du morgens aufwachst, dich im Spiegel anschaust und dich gar nicht richtig leiden magst. Wenn du mit dir nicht zufrieden bist, wenn du an deine täglichen Aufgaben denkst und dich dann Minderwertigkeitsgefühle befallen. Wenn du deinem Spiegelbild sagst: »Das schaffe ich sowieso nicht. Meine Schwester kann das viel besser.« Oder wenn du denkst: »Ich wäre doch wohl besser als Mann auf die Welt gekommen, als Frau bringe ich nicht viel zustande.« Oder wenn du resümierst: »Meine Falten sind schon wieder größer geworden oder mein Bauch ist viel zu dick. Meine Freundin ist viel hübscher als ich. Ich bin zu schüchtern. Ich wünschte, ich wäre so gescheit wie mein Bruder, der weiß soviel. Manchmal wünsche ich mir, jemand anderes zu sein.«

Erinnere dich, du hast dir dieses Leben ausgesucht, du hast dir alles so zusammengestellt, wie du es jetzt erlebst. Möglicherweise hast du die eine oder andere Lernerfahrung abgelehnt und drehst noch eine kleine Schleife. Aber nichts ist zufällig. Deine Seele wollte als das *Du*, das du jetzt bist, hier, in dieser Inkarnation, lernen und Erfahrungen sammeln.

Eine der dringlichsten Aufgaben als Meisterschüler ist es, sich selbst zu lieben. Achte und ehre dich! Wie willst du sonst aus tiefstem Herzen anderen dienen, helfen, sie achten und ehren?

Es gehört der alten Energie an, voller Aufopferung für andere da zu sein, ohne dabei die eigenen Bedürfnisse zu beachten. Ich höre besonders von Menschen in Helferberufen und von vielen Müttern die Aussage: »Ich habe keine Zeit für mich. Ich muss für jemand anderen sorgen. Wer soll es sonst tun? Mich zu pflegen, mich selbst zu beachten, dafür ist keine Zeit.«

Diese Zeit für dich selbst solltest du einplanen, ja sogar einfordern. Sie gehört zu dir, zu deiner Entwicklung. Es ist falsch verstanden, dich selbst in der Entwicklung zurückzustellen, weil du anderen helfen willst oder musst. Selbstverständlich ist es ehrenwert, für andere da zu sein. Aber dich deswegen selbst zu vernachlässigen, ist fast frevelhaft. Dafür bist du nicht auf die Erde gekommen!

Das Ziel einer jeden Seele heißt *Entwicklung*. Du bist als Mensch hier auf der Erde, um diese wunderbare Zeit mit der Neuen Energie zu nutzen, um an dir zu wachsen. Es gibt viele Möglichkeiten, in das *Sich-beachtens- und liebenswert-zu-fühlen* hineinzuwachsen. Wir helfen dir gerne dabei.

Es sollte der Tag kommen, wo du dich jeden Morgen, egal was dein Tagesplan alles für dich bereit hält, selbst freudig begrüßt, dich anlächelst, dir einen guten Morgen wünschst und freudig zu dir sagst: »Was immer heute auch passiert, ich bin mit mir zufrieden, ich bin mit mir glücklich. Ich werde mich und meine Wünsche beachten, mir heute viel Gutes tun, genüsslich essen, meinen Körper an die frische Luft führen, mich von keinem Geschehen aus meinem Liebesgefühl herausbringen lassen. Ich werde mit meinem Höheren Selbst kommunizieren und einfach nur *sein*.«

Wenn dein Tag so beginnt, dann bist du in dich selbst verliebt.

Dann wirst du feststellen, es ist ein herrliches Gefühl, ganz mit sich selbst in Liebe zu sein. Dann kannst all diese Liebe auch nach außen tragen. Wenn du diesen Status erreicht hast, brauchst du auch keinen anderen Menschen, um glücklich zu sein. Du bist dir selbst genug. Du brauchst keinen Partner. Wenn du ihn dann doch treffen solltest, ist das ein wundervolles Geschenk der Quelle an dich und deinen Partner. Ein Geschenk zweier Menschen, die eigentlich niemanden zur Seite brauchen, um zufrieden zu sein. Diese wundervolle, gefundene Liebe will gelebt werden. Und es ist ein Leben zweier Menschen, die einander nicht bevormunden oder in Angst sind, von dem anderen Partner verlassen zu werden.

Denn du bist dir selbst genug, wenn du in dich verliebt bist. Und das wünsche ich mir für dich!

Integrität mit »Allem-was-ist«

Ein Meister hat seine Wahrheit, das bedeutet, er weiß, was für ihn selbst gut ist, welche Wege sein Dasein mit sich bringt. Er ehrt und schätzt diesen Weg der Erkenntnis. Er weiß, er kann nur für sich urteilen, da jeder inkarnierte Seelenaspekt hier auf Erden seinen ganz persönlichen Weg und seine eigene Entwicklung hat. Ein Meister wird sich darum nie davon abbringen lassen, *seine* Wahrheit zu leben und natürlich die der anderen zu respektieren.

Du kommst also nicht umhin, dir genau deine eigene Wahrheit anzuschauen, sie zu ergründen und dich damit ganz auf dich zu konzentrieren. In sich verliebt zu sein beinhaltet auch, die eigene Wahrheit, das eigene Sein zu erforschen, zu erkennen und anzunehmen. Damit bist du ausreichend beschäftigt. Für Dramen und Aktivitäten, die dem Erlebnisturnus der Dualität entsprechen, hast du keine Zeit. Die Dualität ist für dich noch da, aber du bist dabei, dein Bewusstsein in eine andere Richtung zu lenken.

»Lieber KRYON, wie soll ich mich verhalten, wenn ich mit anderen Menschen zusammen bin?« wirst du vielleicht fragen.

Meine Antwort: Es ist ganz einfach. Sei integer mit dir selbst. Bleibe dir treu. Es bleibt nicht aus, dass du im täglichen Leben mit anderen zusammen bist. Es wäre auch nicht im Sinne deiner Entwicklung, in Abgeschiedenheit zu sein. Aber du bestimmst, was jede Begegnung mit dir macht.

Gehe in Treffen und Gespräche bewusst hinein und betrete dieses Szenario als Beobachter, aber als teilnehmender Beobachter. Nimm teil, schließe dich nicht aus. Denn das würde Missachtung der anderen Menschen bedeuten, das wäre dem Hochmut gleichzusetzen. Und das ist ja nicht dein Ziel. Im Gegenteil, diese Charaktereigenschaften willst du ja gerade abbauen.

Nimm aktiv durch Zuhören teil. Prüfe, ob du mit all dem, was da geschieht, konform gehst. Schließe dich nicht aus, aber lasse dich auf keine Kompromisse ein. Wenn man deine Meinung erbittet, sag sie, so wie sie für dich passend ist, sei integer. Akzeptiere aber, dass andere Menschen eine andere Meinung haben, und sie die deinige vielleicht auch als spinnert oder unpassend abtun. Es ist ebenso möglich, dass dein neues Verhalten sie zu der Aussage hinreißen lässt, du seiest so anders geworden. Vielleicht bezeichnen sie dich sogar als wunderlich und arrogant. Damit musst du umgehen lernen.

Verstehe, du betrittst den Raum einer Begegnung als ein Lichtwesen, das mit einer Kugel göttlichen Lichts umgeben ist. Dieses Licht bringst du nun immer mit, du trägst es ständig bei dir. Es ist das göttliche Licht, das dich immer umhüllt, und dieses Licht ist auch für andere Menschen äußerst interessant und begehrt. Du bist ein Lichtträger, der gekommen ist, um davon gerne abzugeben.

Nun haben die Menschen die Wahl, dieses Licht aufzunehmen oder es abzulehnen. Das ist ihre eigene Entscheidung. Du brauchst nichts zu tun, als einfach nur da zu sein. Du wirst ebenso feststellen, dass deine Mitmenschen dich anders wahrnehmen. Entweder sind sie freudig und angenehm überrascht. »Oh, du hast dich so sehr verändert, was ist geschehen?« Dann kannst du gerne Rede und Antwort stehen. Andere werden sich befremdet von dir zurückziehen. Wenn du auf Fragen hin berichtest, welchen Weg du gehst, bringt man dir möglicherweise sogar Verständnis und Bewunderung entgegen. Oder du bekommst zu hören: »Du bist ja komplett übergeschnappt«. Auch damit musst du lernen, umzugehen.

Wenn du als diese aufstrebende alte Seele einen Raum betrittst, wo Menschen versammelt sind, bringst du automatisch GOTT mit, dein sich immer mehr erstrahlendes göttliches Licht. Und du bringst Heilung mit, Heilung auf vielen Ebenen. Es liegt an dem Menschen selbst, ob er die Heilung annimmt oder ob er sich noch einen anderen Weg aussucht. Es ist sein Weg, der selbstverständlich auch geehrt und geliebt ist. Ich betone immer wieder: Alle Wesen, die auf diesem besonderen Planeten inkarniert sind, sind geehrte und geliebte Wesen. Es gibt keine Auserwählten.

Integer zu reagieren beinhaltet auch, alles, was um dich herum ist, angemessen zu betrachten und zu behandeln. Ich spreche auch von der Natur, von deren Elementarwesen und den Tieren. Alles, was um dich herum ist, was dein Leben begleitet, will in Achtung und Liebe behandelt werden. In diesem Zusammenhang erkenne, dass alles miteinander verbunden ist. Bringe allem deine Ehrung entgegen. Ihr seid hier *offensichtlich* in der Materie gebunden, aber das ist nur der Teil, der sichtbar vorhanden ist. Andere Teile von dir sind in anderen Bereichen und haben einen weiteren Überblick. Handle du angemessen und in Weisheit. Versuche, dich von dem Begriff Trennung zu lösen. Du bist nicht allein, du bist mit allem verbunden. Und da alles GOTT ist, bist du auch nicht getrennt von GOTT.

GOTT ist in allem, was ist, und wenn du das ehrst, ehrst du auch deine eigene Göttlichkeit. Das bedeutet, integer zu sein.

Lebe deine Weiblichkeit

Lieber männlicher Leser, wenn du dieses hier liest, brauchst du nicht weiterzublättern. Diese Zeilen sind auch für dich bestimmt. Ich möchte hier über die Weiblichkeit allgemein sprechen, auch von dem Teil der Weiblichkeit, der in einem Mann vorhanden ist. Und ich möchte über die *Neue Weiblichkeit* der Frau in der heutigen Zeit sprechen, die auch für dich, lieber Mann, interessant ist. Du liebst doch Frauen – oder?

In der Welt der Dualität ist der Seelenaspekt in zwei Teile geteilt, einen männlichen und einen weiblichen, während auf vielen anderen Planeten die Potenziale vereint sind. Dort sind sie androgyn. Hier auf der Erde sind Männlich und Weiblich zwei Wesen. In jedem dieser beiden Wesen sind außerdem männliche und weibliche Anteile. In den Anfangszeiten dieser Teilung, nach dem Untergang eines spektakulären Reiches, lebten beide Geschlechter ihre Anteile ausgewogen. In den letzten Jahrtausenden hat sich bei den Männern eine einseitige Ausprägung ergeben. Der Mann lebte immer stärker seine männliche Seite. Ich möchte hier nicht auf die Geschichte und die Politik eingehen. Ich glaube, da spricht die Vergangenheit für sich. Die Ära ist nun vorbei. Es ist eine andere Energie, die jetzt die Erde begleitet. Damit die Erde sich dahin entwickeln kann, wie der *Göttliche Rat* es geplant hat, ist es an der Zeit, dass die Männer ihre weibliche Seite mehr in ihr Leben integrieren, damit sich diese auf ihre Handlungen auswirkt. Dann wird auch endlich der Frieden auf Erden Einzug halten können. Die Sicht- und Handlungsweise der männlichen Männer muss sich wandeln. Die weibliche Komponente ist zu integrieren, damit dieser Aspekt weltweite Entscheidungen beeinflusst. Eine Frage an dich: Wird ein Mann, der seine weibliche Komponente verantwortungsvoll lebt, weiterhin Menschen in den Krieg schicken? Gewiss nicht. Es ist eine neue Art Mann dabei, sich zu entwickeln, eine neue Art, als Mann zu leben. Ich spreche unter anderem auch von den Indigo-Kindern, die heranwachsen. Schaut euch um, viele junge Männer stellen alte männliche Domänen und Dogmen infrage und orientieren sich anders. Es ist kein Prozess, der von heute auf morgen geschieht, aber es ist ein konstanter.

Bei der Entwicklung der Frau ist in den letzten Jahrtausenden auch vieles in die falsche Richtung gegangen. Der Mann hat in den meisten Zivilisationen die Führung übernommen und der Frau die Möglichkeit entzogen, ihre ursprüngliche Weiblichkeit zu leben. Diese Weiblichkeit ist eine schützende, gebärende, nährende Qualität, auch eine mütterliche. Der weibliche Aspekt hat auch die Aufgabe, in Liebe, Zärtlichkeit und Verbundenheit die Sexualität zu leben. Leider wurden diese göttlichen Dinge über eine lange Zeit nicht so gelebt, wie es vom Schöpfer gedacht war. Der Mann hat sich als Herrscher über die weibliche Sexualität gefühlt und es gezeigt und gelebt.

Nun müssen diese beiden Rollen der Menschheit neu überdacht werden. Es ist nicht so geplant und gewünscht, dass die Frau in männliche Fußstapfen tritt. Ich spreche von der sogenannten Emanzipation. Die Befreiung der Frau sollte nicht so aussehen, dass sie männliche Rollen übernimmt. Es gilt, die urweiblichen Qualitäten wieder zu leben mit der liebevollen Unterstützung der männlichen Energie. Beide, Mann und Frau, müssen verstehen, was es bedeutet, die spezifischen Eigenschaften beider harmonisch ergänzend zu vereinen und gebührend zu leben. Jeder soll die Chance haben, diese schöpferischen Eigenschaften frei auszuleben. Die Frau darf dementsprechend ihre männlichen Anteile nicht überwiegen lassen und den Mann ersetzen wollen. Sie muss nicht ihren »Mann stehen«, sondern ihre Frau. Der *neue Mann* ist nicht so zu verstehen, dass er die weiblichen Anteile überwiegen lässt. Ein gesundes Maß ist erwünscht, damit beide zusammen ein harmonisches, verantwortungsvolles Ganzes ergeben.

Mein Hauptaugenmerk richtet sich nun auf die Weiblichkeit, die oft falsch verstanden wird. In den gechannelten Botschaften und Schriften der Aufgestiegenen Meisterinnen Lady Nada, Mutter Maria oder Maria Magdalena sind wundervolle Worte über diese neue Weiblichkeit verfasst. Beschäftigt euch damit! Sie sind hilfreich. Die urweibliche Energie möchte in dieser besonderen Zeit endlich durchbrechen und gelebt werden.

Dieser wichtige Aspekt ist ursächlich auch in der Mutter Erde vorhanden. Wir sprechen von weiblicher Schöpferkraft. Erdverbundenheit ist unterstützend. Verbinde dich deshalb mit Mutter Erde. Ihre Energien strömen dann in dich hinein, stärken deine weiblichen Kräfte und Organe, unterstützen dein Frausein und spenden dir Lebensfreude.

Allen Frauen rufe ich zu: Lebt eure Weiblichkeit, macht euch frei von den Botschaften der Werbung und Medien, die euch erzählen wollen, wie eine Frau zu sein hat. Entledigt euch der alten Muster eurer Mütter, wenn sie sich nicht mehr stimmig für euch anfühlen. Findet selbst heraus, wie es ist, Frau zu sein. Lebt, liebt und achtet euren Körper, lebt die weibliche Urenergie, damit helft ihr nicht nur euch, sondern auch der Erde, der *Neuen Erde*. Verbindet euch mit den weiblichen Energien der Elemente, der Naturgeister und denen der Aufgestiegenen Meister und Meisterinnen. Sie durchströmen euch gerne und führen euch auf den neuen Pfad. Verwöhnt euren physischen Körper mit Farben, Formen und schönen Stoffen. Es hat nichts mit Eitelkeit zu tun, den Körper zu hegen und zu pflegen. Körper, Geist und Seele sind untrennbar. Was deinen physischen Körper schmückt, wird den anderen auch guttun. Sei dir auch hier ganz deiner selbst bewusst. Ein entspannendes Bad in duftenden Kräutern schenkt Wohlgefühl. Nimm deinen Körper so an, wie er ist. Sollten dich ein paar Gramm deines Gewichtes stören, weil »man« in der heutigen Welt jung, schlank und rank sein soll, mache dir klar, dass *du* dich mögen musst. Entweder du isst ein bisschen weniger, oder du entschließt dich für ein größeres Kleid. Mach daraus kein Drama. Jeder Bissen, den du gegessen hast, sollte mit Freude und andauerndem Genuss und nicht mit Bedauern verzehrt werden. Ehre das Bewusstsein, das sein Leben ließ, damit du etwas zu essen hast. Genieße dein Dasein – auch mit Bäuchlein – und erfreue dich an deiner Weiblichkeit. Geehrt bist du für deinen Dienst am Universum.

Dein Inneres Kind

Der Seelenaspekt Mensch, der hier auf der Erde inkarniert ist, besteht aus vielen inneren Einzelaspekten, so will ich es ausdrücken. Es sind die Aspekte, die dich als Gesamtheit ausmachen. Ein Teil deines Selbst ist dein Inneres Kind. Dieser Teil von dir ist von großer Wichtigkeit in deinem neuen Leben. Es ist der Teil von dir, der die Ursprünglichkeit besitzt und hält. Die Ursprünglichkeit der schöpferischen Gene, die mit kindlicher Einfachheit, Verständnis des Schöpfertums und Kreativität zu beschreiben sind. Ein Kind tut alles ursprünglich, ohne Angst und ohne Wertung. Beobachte in deiner Umgebung kleine Kinder. Sie sind ursprünglich. Alles, was sie tun, geschieht mit ganzer, klarer Kraft. Sie tun alles ohne Berechnung, ohne abzuwagen, ob etwas gut und schlecht ist. Sie tun alles mit Liebe, Hingabe und spielerischer Genauigkeit, aber auch mit Leichtigkeit. Sie sind mit ganzem Herzen dabei. Sie geben alles, was ihnen energetisch möglich ist, in die Sache, die sie gerade tun, hinein. Es ist unerheblich, ob es etwas ist, was man von ihnen verlangt, oder ob es etwas selbst Entdecktes ist, etwas, was ihr als Spielen bezeichnet.

Ein Kind lebt in seiner eigenen Welt. Unterstützt und begleitet von den Geistwesen und verbunden mit der göttlichen Instanz geben Kinder sich allem, was sie schöpfen, vollkommen hin. Beobachte ein Baby, das das Mobile, das über ihm hängt, betrachtet. Es geschieht voller Hingabe, und du kannst sicher sein, es entdeckt, sieht und fühlt in diesem Mobile himmlische unendliche Welten, ein sich ständig verändertes Schöpfungsszenario.

Ein Kleinkind, das mit seinen Bauklötzen spielt, baut Traumwelten, Phantasietürme und -städte, die nur es selbst sehen kann. Erwachsene in ihrem sachlich ausgeprägten Denken erahnen nur, wenn sie sich scheinbar aufmerksam an dem Spiel beteiligen, was da alles Wunderbares entsteht in der Welt des versunkenen Kindes.

Es ist eine Prägung der göttlichen Kreativität.

Ein Fünfjähriger, der in der Natur, im Wald, auf einer Wiese oder im Park etwas baut, Verstecken spielt oder etwas gemeinschaftlich kreiert, hat zur Unterstützung die Kraft der Natur. Das Kind ist offen für die Naturgeister, lässt sich von ihnen anleiten und hat ein klares Verständnis und Einfühlungsvermögen für den Zusammenhang aller Dinge. Es weiß instinktiv, dass alles miteinander verbunden ist.

Ein Kind, das oft in der Natur spielt, ist völlig eins mit sich und der Welt. Leider sind viele Erwachsene nicht offen für diese Art, wie Kinder spielen. Sie bringen in diese verbundene Welt ihre erwachsene Sachlichkeit hinein und geben ihren Kindern kaum die Möglichkeit, kreativ zu sein. Der Platz vor dem Fernseher ist leider in vielen Familien der Hauptspielplatz.

In diesem Zusammenhang möchte ich erwähnen, dass die, die wir die Indigo-Kinder nennen, sich ihr Recht diesbezüglich massiv einfordern. Sie machen, oft drastisch, auf die unausgeglichenen, spielerischen Lebenskomponenten eines Kindes aufmerksam.

Wenn du nun deine kindliche Welt nicht richtig ausleben durftest oder in deinem jetzigen Leben dieses notwendige innere kindliche Leben aus deinem Dasein ausgeschlossen hast, kannst du sicher sein, dass dein Inneres Kind nicht im Gleichgewicht ist.

Ein glückliches Inneres Kind gehört auch zu den Meisterattributen. Ein Meister ist inniglich mit seinem Inneren Kind verbunden und lebt seine göttlichen Qualitäten schöpferisch aus.

Ein Meister ist bei allem, was er tut, mit sich selbst verbunden, er agiert mit tiefer innerer Liebe, mit der Überzeugung, dass alles göttlicher Qualität ist, was er tut. Er gibt seine ganze Herzenskraft in sein Tun. Er lebt die kindliche Naivität, die innige Liebe und weiß das Vertrauen zu GOTT auszudrücken. Er weiß, dass sein Tun wahr ist, weil es gottgleich ist. Er ist sich der Verbundenheit aller Geistwesen und Elemente mit ihm gewiss. Und, das ist das Allerwichtigste: *Er vertraut sich selbst.* Voraussetzung für diese innere Festigkeit ist, unter anderem, die Ausgeglichenheit deines Inneren Kindes.

Die Heilung des Inneren Kindes kann durch engen Kontakt dieses Teiles von dir geschehen. Auch in diesem Falle ist der geistige Kontakt zu dir selbst eine große Hilfe. Es ist die Meditation, die geistige Kraft, die du einsetzen kannst. Nutze dein inneres Auge und nimm Kontakt zu deinem Inneren Kind auf. Erbitte sein Erscheinen, es wird da sein.

Schau dir dein Inneres Kind genau an. Wie ist sein Erscheinungsbild? Freudig, lebenslustig, voller Tatendrang und Energie? Oder kommt es dir teilnahmslos, energielos und traurig entgegen? Wenn du keine vollständigen Bilder siehst, gehe ganz ins Gefühl hinein. Dein Inneres Kind wird dir vermitteln, wie es sich fühlt. Dann frage es, wie es ihm geht und was du für es tun kannst. Du wirst es wissen oder fühlen. Vielleicht möchte es in den Arm genommen und gestreichelt werden. Vielleicht braucht es Wärme. Gib sie ihm!

Ich glaube, du weißt, was zu tun ist. Schaue dir dein jetziges Leben an, dein Tun, dein Agieren. Lebst du dein Inneres Kind? Ich glaube, es könnte ausgeprägter sein. Bitte dein Inneres Kind, aktiv an deinem Leben teilzunehmen. Bitte es, dich zu führen. Es wird dir gelingen, diese wundervollen, kindlichen, kreativen Attribute deines Inneren Kindes in deinen Tagesablauf einzubinden.

Die Meditation der Herzensreinigung kann dir auch behilflich sein, alte Opferrollen und Schmerzen zu entlassen, die mit der Verfassung deines Inneren Kindes zusammenhängen.

Dein Inneres Kind freut sich, genau wie du, auf ein enges, inniges Zusammenleben. Wenn du dich ganz eng verbinden willst, besuche es jeden Morgen und frage es, welche Botschaft oder Bitte es heute für dich hat.

Selbstverständlich ist das Innere Kind ein Teilaspekt deines Wesens. Ebenso hast du einen inneren Vater, eine innere Mutter, innere Geschwister. Auch innere »negative« Aspekte gehören zu dir. Jeden dieser Aspekte kannst du kontaktieren und dort klärende Gespräche führen. Es ist sehr interessant, sich auf diesem Wege selbst kennenzulernen. Du lernst auf diese Art und Weise, an dich zu glauben.

Übrigens:

Hast du dir schon einmal überlegt, was das Wort *Glauben* bedeutet?

Wenn du sagst: »Ich glaube an etwas«, was meinst du damit?

Sei dir der Aussage der Worte »ich glaube« bewusst. Du sagst doch: »Ich glaube an GOTT«, was bedeutet: »Ich vertraue GOTT, ich weiß um GOTTES *Kraft und Liebe.*«

Demnach bedeutet Glaube Wissen.

Ich glaube, dass du den Weg des Meisterschülers erfolgreich gehen wirst. Was will ich damit sagen? Ich weiß, dass du, der du jetzt diese Zeilen liest, ein Meister bist.

Ich bin KRYON.

Die Klärung niederer Charakterströme

Was wäre, wenn du auf einmal feststelltest, dass alle deine niederen, so will ich sie einmal ausdrücken, Charaktereigenschaften dich verlassen haben?

Stell dir vor, du bist nicht mehr neidisch, wenn jemand mehr Geld hat als du. Dich stört es nicht mehr, wenn dein Partner sich lächelnd mit einem Menschen des anderes Geschlechts unterhält und dein Herz gerät dabei auch nicht mehr in ängstliche oder wütende Wallungen. Kurz, du bist nicht mehr eifersüchtig. Wäre es nicht schön, wenn du alle Menschen um dich herum mit einem wohlwollenden Lächeln annehmen würdest in dem Verständnis: Wir gehören *alle* zusammen. Wir sind *alle* eins, wir kommen *alle* aus der QUELLE. Wäre das nicht wundervoll?

Das ist dann die Situation, wo du deine niederen Charaktereigenschaften umgewandelt oder, klarer formuliert, ausvibriert hast. Dieses Wort »ausvibrieren« erklärt die physikalischen Zusammenhänge. Gewisse Situationen können nicht mehr bestimmte Schwingungen erzeugen, die dann bei dir dieses Gefühl des Neides, der Eifersucht und andere Gefühle erzeugen. Es sind Schwingungswellen, die dich erreichen. Es sind die Gefühle in deinem Emotionalkörper, die du ja nun lernst, auszugleichen. Diese niederen

Charakterzüge, die du dir in den vielen Erdenleben angeeignet hast, dürfen nun gehen.

Die niederen Eigenschaften hängen mit alten Mustern und Erfahrungen zusammen. Zum Beispiel: Eifersucht stammt wahrscheinlich aus alten Erfahrungen, die du in Partnerschaften sammeltest, in denen du betrogen und hintergangen wurdest. Auch könnte hier das Thema mangelndes Selbstbewusstsein, Erlebnisse aus anderen Themen eine Rolle spielen. Es fällt vielleicht in den Bereich, nicht geliebt worden zu sein. Auch die Kindheit kann dieses Muster erzeugt haben.

So erkennst du, dass diese nicht ausvibrierten Charakterzüge Mangel, in welcher Form auch immer, ausdrücken. Wenn wir es auf eine Erkenntnis reduzieren, hieße es: *Das Ausleben niederer Charaktereigenschaften ist Angst.*

Genauer beleuchtet ist diese Situation, in die du dich begibst, wenn du unausgeglichen bist, Angst vor dem Leben. Angst davor, im Leben nicht zurechtzukommen, nicht das zu erhalten, was du brauchst, um in Würde und Achtung zu leben. Angst vor anderen Menschen, die dir etwas nehmen könnten, was du gerne für dich hättest. Angst davor, nicht geliebt zu sein.

Hilfreich, um von diesen alten Mustern loszukommen und sich selbst vollkommen klar zu sein, ist es, sich vorzustellen, dass wir alle miteinander verbunden sind. Du bist nicht allein hier als eine einzelne Kreatur auf der Erde. Du bist lediglich hier in der Materie inkarniert, und dein wahres, dein ganzes Wesen ist in der Unsichtbarkeit. Es ist nicht zu sehen, noch nicht.

Und dann stelle dir einfach vor, wie alle eure Körper durch die elektromagnetischen Felder, die ihr um euch herum habt, verbunden sind. Stelle dir außerdem vor, dass ihr alle die gleichen Sorgen und Probleme irgendwann auf diesem Globus entwickeln und verarbeiten müsst. Davon ist kein Seelenaspekt ausgeschlossen. Ihr habt vielleicht zurzeit einen unterschiedlichen Entwicklungsstand, aber das ist nicht von Wichtigkeit. Ihr werdet wieder gleichwertig, wenn ihr erkannt habt und es auch lebt, dass ihr alle aus der QUELLE kommt und über alles geehrte Wesen seid, die sich bereit erklärt haben, dem Schöpfer und dem Universum zu dienen, indem ihr diesen Vertrag eingegangen seid, hier zu inkarnieren. Stärkt das dein Selbstbewusstsein? Ich glaube, ja.

Erkenne die globalen Zusammenhänge. Es ist nicht mehr notwendig, in Dramen und niederen Charakterzügen zu verweilen. Es gibt Wichtigeres zu tun: Der Erde und anderen Menschen behilflich zu sein, ausgewogen in die Neue Zeit hineinzugehen. Die Herzensmeditation mit der Rose ist dir auch hilfreich, diese negativen Gefühle auszuvibrieren. Gehe in dein Herz, gehe ins Gefühl, und das andere, das negative Gefühl, löst sich. Verdamme diese Eigenschaften nicht, zürne nicht mit dir selbst, sondern erkenne, dass diese Erfahrungen dich ein Stück nach vorn, ein Stück weiter ins Licht katapultieren. Das ist der Sinn deiner Erfahrungen hier auf der Erde.

Hast du übrigens gewusst, dass niedere Eigenschaften auch niedere Bewusstseinseinheiten anziehen? Man könnte sagen, es gehört zu ihrem Dienst, »nicht im Licht zu sein« dazu, an der Seite von Menschen zu wirken, die niederen Gedanken, Gefühlen und Tätigkeiten frönen. Du hast es vielleicht sogar schon selbst gespürt. Manchmal warst du wie von Zauberhand gelenkt, wenn du in dieser Richtung agiertest. Du wurdest fast gedrängt, in Neid-, Eifersucht- oder sogar Hassgefühle hineinzugehen. Es mag komisch klingen, aber so hat alles seine Berechtigung, auch der Dienst der niederen Geistwesen. Aber vergiss nicht, du bestimmst, was passiert. Du hast absolute Autorität in deinem Leben.

Vielleicht ist es auch hilfreich, dass du dir selbst erklärst: »Ich war ja schon oft hier auf der Erde. In meinem umfassenden Erdprogramm sind sicherlich die große Fülle, der ideale Partner und all die Zukunftsvisionen, die ich jetzt habe, schon in anderen Leben vorgekommen. Ich habe also alles schon gelebt. Für *dieses Leben* habe ich mir nun ausgesucht, mich vollkommen auszugleichen. Die negativen Aspekte und Charakterzüge habe ich mir ›hervorgeholt‹, um sie in diesem Leben ins Licht zu rücken. Das ist unter anderem meine Aufgabe. Das Erwünschte wird kommen, wenn ich mich geklärt habe.«

Ist das nicht eine wundervolle Vorstellung? Mache dich an die Arbeit, dich zu vervollkommnen. Wir stärken dir deinen Rücken.

Co-Kreation mit GOTT

Oh, ich sehe glänzende Augen. Das Thema Co-Kreation interessiert dich sehr, nicht wahr? Es ist für dich sicherlich eine großartige Vorstellung, all die Dinge, die du in deinem Leben gerne hättest, selbst zu planen und zu kreieren und herbeiholen zu können. Es war schon zu allen Zeiten der Wunsch der Menschheit, ihr Leben selbst zu bestimmen und den Ablauf der Situationen, der Begegnungen und die Attribute ihres täglichen Lebens zu beeinflussen. Es hört sich an, als greife man in eine Wundertüte mit vielen schönen Dingen, die alle mit Wohlstand, Fülle und anderen Köstlichkeiten zu tun haben, die ein schönes Leben garantieren. Das ist es doch, was dich so begeistert bei diesem Gedanken, nicht wahr?

Ja, das ist verständlich. Ich garantiere dir, dass du dich langsam daran erinnern wirst, wie es in anderen Dimensionen funktioniert, die Sache mit dem Materialisieren. Denn, erinnere dich, du bist ein multidimensionales Lichtwesen, das hier auf der Erde, dem Planeten der tiefen Materie, nur vorübergehend dient. Du bist hier auf einer deiner vielen Durchgangsstationen. Dieses ist eine Station deiner stark physisch orientierten Entwicklung. In anderen Systemen und Dimensionen war es für dich *normal*, dir mithilfe deines Willens und deiner Gedankenkraft das zu manifestieren, was du für dein Leben wolltest. Diejenigen unter euch, die entweder sehr junge Seelen sind, also erst ganz frisch hier auf die Erde kamen, oder diejenigen von euch, die eigens für diese besondere Zeit hier inkarnierten, um der Erde bei diesem neuen Weg behilflich zu sein, kommen vielleicht gerade aus einer Dimension, wo das Kreieren zum Alltag gehört. Sie erinnern sich und sind vielleicht eher erstaunt, dass es nicht mehr so leicht funktioniert, selbst zu erschaffen.

Nun, ihr seid auf dem Planeten der tiefen Materie, und Schöpfertum braucht hier ein wenig länger.

Ich sage dir, dass du die Kraft deiner Gedanken nicht unterschätzen solltest. Kraft deiner Gedanken kannst du auch hier in dieser Dimension schöpferisch tätig sein. Das war schon immer so. Eigentlich kreierst du den ganzen Tag, denn du denkst den ganzen Tag. Deshalb, sei dir deiner Gedanken bewusst!

Vor circa 25 Jahren dauerte es, einen Wunsch mit Hilfe des Gedankens, deiner Kraft und deines Willens zu manifestieren, oft sehr lange, manchmal sogar einige Leben. Das Kreieren gilt auch für negative Gedanken. Bedenke, nicht nur schöne Gedanken setzen sich in Materie um, auch die negativen Gedanken gewinnen an Kraft und Energie und manifestieren sich irgendwann. Die nicht positiven Gedanken, die du an andere schickst, kommen irgendwann auf dich zurück. Das ist ein kosmisches Prinzip.

Seit der Ausrichtung des Magnetgitters erhöhen sich die Schwingungen der Erde sekündlich. Du hast hier und auch anderswo viel gelesen über die wundervollen Attribute dieser Neuen Energie. Diese beinhalten auch, dass das Schöpfen, das Kreieren durch Gedanken, den Willen und die Fokussierung eine Veränderung erfahren. Es funktioniert schneller.

Stell dir vor, dass deine kreativen Schöpferideen jetzt sehr viel weniger Spielraum brauchen als vor circa 25 Jahren. Jetzt ist es möglich, dass sich deine kreativen Gedanken schneller manifestieren. Manche Schöpferkreationen dauern nicht länger als ein paar Tage. Wenn es Kreationen sind, mit denen auch andere Menschen verbunden sind, und das ist meistens der Fall, dann hängt diese Manifestation natürlich auch davon ab, ob die andere Person schon reif ist, daran teilzunehmen. Ob das richtige *Zeitfenster* schon da ist.

Ich möchte ein Beispiel nennen: Nehmen wir an, du suchst einen neuen Arbeitsplatz. Du wünschst ihn dir schon lange und möchtest nun Kraft deines göttlichen Schöpfertums endlich zum Ziel kommen. Du hast deine Vorstellungen von dem Arbeitsplatz schon fest umrissen, hast deine Gedankenkraft und deinen Willen auf deinen Traumjob fokussiert, und das schon Wochen lang. Nichts passiert. Warum? Es ist möglich, dass die Arbeitsstelle, die zu dir kommen möchte, noch besetzt ist von einem anderen Menschen. Dieser muss erst kündigen, damit du den Platz besetzen kannst. Das *Potenzial* des neuen Arbeitsplatzes ist schon da. Nur dieser Platz wird leider erst in einigen Monaten frei.

Also dauert die Manifestation deiner Co-Kreation noch ein wenig. Aber, wenn du weiterhin Energie und Kraft in deinen gewünschten Job hineingibst, im Gefühl schon dort bist, dann wird er, sobald die andere Partei ihren Teil dazu getan hat, zu dir eilen. Die Beteiligten müssen sich vorher nicht kennen. Es genügt deine gefühlsmäßige Fokussierung auf deine Kreation. Lebe, imaginiere deinen Wunsch mit deinem ganzen Herzen.

Ich möchte es noch einmal beschreiben:

Das *Potenzial zur Kreation* schaffst du, indem du dir deinen Wunsch ausführlich ausmalst, bis ins kleinste Detail. Dann gibst du viel Kraft und Energie in deinen Wunsch und gehst in die Imagination, wie mein Freund Tobias (ein geistiges Wesen aus der KRYON – Gruppe) es so schön beschrieb. Gehe mit deinem ganzen Fokus in diesen Wunsch, aber nicht mit dem Verstand, sondern lebe mit deinem Herzen schon deinen Wunsch. Wäre es eine lang ersehnte neue Arbeitsstätte, dann richte deinen Arbeitsplatz schon ein, agiere dort schon und trinke gemütlich deinen ersten Pausentee, vielleicht in der Cafeteria. An dem Beispiel kannst du erkennen, dass verschiedene Faktoren, die mit anderen Menschen zusammenhängen, die daran beteiligt sind, mitbestimmen, wann sich dieser Wunsch manifestiert. Sicher ist, dass der Vorgang in der heutigen Zeit der hohen Schwingungen schneller geht. Die Schwingungen erhöhen sich, und die Erde kommt in eine Dimension, in der Manifestationen dieser Art später zur Normalität gehören. Jetzt geht eine Kreation, wenn alle Faktoren stimmig sind, manchmal innerhalb von Stunden in die Manifestation.

Eine erfolgreiche Co-Kreation beinhaltet noch zwei wichtige Punkte, die du unbedingt beachten solltest. Eine Co-

Kreation ist nur aussichtsreich, wenn du deine karmischen Attribute abgebaut hast, das heißt, dass du in der Neuen Energie bist und dann weiterhin störende, alte Muster abbaust. Denn Klarheit solltest du in deinem Leben geschaffen haben, bevor du neue Ziele angehst. Das gehört zum Weg in die Meisterschaft. Das Wichtigste sollte allerdings sein, dass du deine neuen Pläne, was immer sie auch sein mögen, mit deinem Höheren Selbst, mit GOTT besprichst. Dein Höheres Selbst weiß, was für dich gut ist. Es weiß, was vorrangig in dein Leben treten sollte. Wenn du deine Wünsche und Kreationen mit ihm besprichst, kannst du sicher sein, dass das zu dir kommt, was dir wirklich gut tut. Ich sagte dir schon, du siehst dich nur in deiner jetzigen Situation. GOTT sieht dich ganzheitlich, GOTT weiß, was du wirklich brauchst.

Es macht also Sinn, deine Wünsche für die Zukunft ausführlich mit dir selbst, als Teil von GOTT, oder direkt mit der QUELLE zu besprechen.

Bitte GOTT, er solle dir das schicken, was jetzt in deiner Situation das Nächste wäre, was in deine spirituelle Entwicklung passt. Erfrage ausführlich, ob das, was *du* dir im Moment ersehnst, wirklich zu deinem Vertrag gehört. Wenn es sich herausstellt, dass du deine Kreation nicht von allen Seiten beleuchtet hast, kannst du immer noch umschwenken, dich vertrauensvoll zurücklehnen und der göttlichen Führung das Steuer in die Hand geben.

Wenn du mit GOTT kreierst, wenn du deine Wünsche besprichst und dann ein unterstützendes Ja bekommst, sei sicher, dass deine Zukunftspläne die richtigen sind und göttliche Unterstützung bekommen. Dann erwarte voller

Freude und mit Geduld deine Co-Kreationen. Deine Co-Kreation mit GOTT.

Viele von euch Menschen sind nicht in Fülle. Ich spreche nicht nur von Frieden, sondern auch von Geld und Reichtum. GOTT hat nichts dagegen, dass Lichtarbeiter in materieller Fülle sind. Du wirst bestimmt einige Gründe haben, warum du keine Fülle annimmst. Denn Fülle ist für alle da. Wenn sie nicht zu dir kommt, liegen sicherlich Stolpersteine auf dem Weg. Schaue in dich, schaue dir dein Leben an, schaue dir deine Lebenseinstellungen an. Beleuchte und kläre sie, und löse dich von Altem. Die Fülle wird den Weg zu dir finden. Auch hier sind wahrscheinlich andere Menschen mit im Spiel. Vielleicht bist du nicht im passenden Umfeld? Auch das durchleuchte und erfrage bei der höchsten Instanz: »Warum bin ich nicht in Fülle? Warum kommt der Wohlstand nicht zu mir?« Erwarte geduldig und offen eine Antwort.

Der Kontakt zur Göttlichkeit ist immer empfehlenswert, ob du mit deinem Höheren Selbst sprichst, oder GOTT direkt fragst. Es ist oft sinnvoller, keine genaue Frage zu stellen, sondern zu sagen: »Lieber GOTT, teile mir bitte mit, was ich wissen soll.« GOTT wird dir das senden, was jetzt passend für dich ist, ob in Worten oder materiell. Hab Vertrauen.

Dein neues Selbstbewusstsein

All die Prozesse, all die Themenaufgaben und Bereiche, die ich dir hier in diesem Buch zur Bearbeitung und Beachtung anbiete, die dich zu deiner Entfaltung zum Meisterpotenzial führen, bringen dich auch zu einer neuen Art deines eigenen Bewusstseins.

Es ist dein *neues Selbstbewusstsein*. Du bist dir deiner selbst bewusst geworden. Du hast erkannt, wer du wirklich bist. Du weißt nun, warum du auf die Erde gekommen bist. Du weißt, was du alles erlebt und gelernt hast und was du nun auch ablegen kannst. Du weißt, welche Erfahrungen welche Muster mit sich brachten und welche Ängste sie schüren. Du hast mit Hilfe deiner geistigen Führung und deinem Höheren Selbst deinen Schliff bekommen. Du hast auch langsam gespürt, wer du wirklich bist, wo deine Potenziale liegen oder liegen könnten. Du schürfst nach Verborgenem, das endlich an die Oberfläche kommen soll, damit es geliebt und gelebt werden kann.

Du hast auch festgestellt, wie viel Spaß gewisse Dinge machen können, wenn du sie mit der nötigen Liebe und Hingabe tust, wenn du deine Liebe in die Arbeit hineingibst und in all die Aktivitäten, die dein tägliches Leben ausmachen. Und du hast dich von unwichtigen Attributen deines Lebens getrennt.

Der Pfad deiner Erkundungen ist lang gewesen und rückt nun einem Zielbahnhof näher. Selbstverständlich hört die Weiterentwicklung nie auf. Du musst dir vorstellen, dass du dir selbst immer neue Zielbahnhöfe setzt. Deine Ziele wachsen mit dem Anerkennen deiner Göttlichkeit. Wenn du die Erde durch Aufstieg verlässt, ob in dieser Inkarnation oder in einer anderen, auch dann geht die Entwicklung der Seele stetig weiter. Vielleicht bleibst du noch hier in diesem Sonnensystem, oder in dieser Galaxie, um hier zu dienen. Wenn du diese Erfahrung gesammelt hast, geht es wieder weiter, immer weiter. Irgendwann kommst du an deinen Ausgangspunkt zurück, du vereinigst dich mit »Allem-was-ist«, du vereinigst dich inniglich. Doch diese Vereinigung, diese direkte Verschmelzung ist noch in der Ferne.

Das Ziel der Weiterentwicklung bedingt, dass du ganz im Hier und Jetzt lebst. Das Leben im Hier und Jetzt ist eine Voraussetzung für qualitative Fortschritte. Nur wenn du das *Jetzt* lebst, verbindest du automatisch Vergangenheit und Zukunft, alles ist eins. Das Phänomen Zeit tritt immer mehr in dein bewusstes Umfeld, was dein Erkennen bewirkt. Setze dich bewusst mit der *Zeit* auseinander – mache dir klar, sie gehört hier zum Erdsystem und ist ein Attribut der Dualität. Sie ist geschaffen für dein Erderfahrungsprogramm. Da du aber multidimensional bist und dieses immer mehr erfährst und lebst, tritt diese Art der Messung deiner Lebensqualitäten immer mehr in den Hintergrund. Denke darüber nach. Mehr über dieses Thema wird dir zufließen.

Wenn du im *Jetzt* lebst, bist du dir automatisch deiner selbst bewusst. Probiere es einmal aus. Wie ich beschrieb, irgendwann bist du weitgehend von Altem befreit. Dann lebe im *Jetzt* und probiere, wie es sich im Jetzt lebt, bewusst im Jetzt. Es fühlt sich intensiv an, nicht wahr? *Genieße jeden Augenblick, ohne an eine spätere Zeitkomponente zu denken oder zu planen.* »Wie soll ich das tun, KRYON, ich bin an einen Zeitplan gebunden?«, fragst du. Meine Antwort an dich: Das ist korrekt, aber wenn du dein Leben bewusster planst und gestaltest, ist auch Gelegenheit für die Phasen des »im Jetzt sein« und »selbst zu sein«. Du wirst dir immer mehr deiner selbst bewusst.

Richte dein Leben gezielt nach deinen Bedürfnissen aus, ohne andere zu verletzten. Das ist möglich. Eigene Verletzungen durch Erfahrungen mit anderen Menschen führen darauf zurück, dass du dir nicht (deiner) selbst – bewusst warst. Denke über diese Worte nach.

Es ist außerdem sinnvoll, dass du deinem eigenen Agieren und Tun keine Grenzen setzt. Im Universum ist alles möglich. Nichts ist unmöglich. Und wenn du dir keine Grenzen setzt und deinem inneren Licht folgst, dann ergibt sich folgender Lebensgrundsatz:

Ich vertraue mir.
Ich traue mich, mein neues göttliches Leben zu leben.
Ich bin im Einvernehmen mit GOTT.

Das ist dein neues Selbstbewusstsein.

Die Klärung deines Energiefeldes

Als multidimensionales Lichtwesen ist dir bestens bekannt, dass du nicht nur aus diesem physischen Körper bestehst. Dein Körper ist multidimensional. Er ist das, was er immer war, ein Lichtkörper. Du bestehst aus Licht. Und ein Teil dieses Lichtes hat sich verdichtet. Denn Materie ist verdichtetes Licht. Das geschah mit Hilfe eines genetischen Programms. Dieses Programm ermöglichte es dir, in Form und Status eines Babys in der physischen Welt zu inkarnieren.

Nun sind deine anderen Körper natürlich nicht verschwunden, sie sind *zurzeit* für dich durch dein irdisches Auge nicht wahrnehmbar. Einige von euch haben ihre Wahrnehmung schon erweitert. Sie sehen die Aura anderer Menschen. Die Aura ist dein dich umgebendes Energiefeld, deine anderen Körper. Diese anderen Körper haben wichtige Funktionen. Über deinen pranischen Körper sprachen wir schon. Fachliche Details kannst du dir in guten Büchern anlesen oder dir von der Geistigen Welt erklären lassen.

Wir wollen uns nun deinem Energiefeld widmen, und ich zeige dir, wie du dein eigenes Energiefeld anschauen kannst. Es gehört zu deiner Aufgabe in deiner Entwicklung zum Meister, dafür Sorge zu tragen, dass dein Energiefeld stets

so klar wie möglich ist. Wie du selbst in deine Aura hin-
einschauen kannst, möchte ich gerne mit einer kleinen
Übung demonstrieren:

*Schließe deine Augen, entspanne dich, lasse dein inneres Auge
weit nach vorne schweifen und bitte dein Höheres Selbst,
es möge dich dein ganzes Wesen in der geistigen Form sehen
lassen. Bitte es, dir vor deinem inneren Auge dein Energiefeld zu zeigen. Sehe oder fühle nun dich selbst. Du wirst
vor deinem inneren Auge deine Form sehen, deine physische
Körperform, umgeben von einem großen Feld. Jetzt schaue
bitte genau hin. Wie sieht dieses Feld aus? Vielleicht nimmst
du ein ganz klares Feld wahr, oder ein klares mit einigen
grauen Stellen. Vielleicht erkennst oder fühlst du Farben.
Vielleicht nimmst du Unebenheiten wahr, möglicherweise
kleine Löcher oder neblige Formationen. Bei dem ersten
Schauen sind die Farben für dich möglicherweise noch nicht
zu erkennen. Das ändert sich. Mit längerem Üben nimmst
du jede Kleinigkeit deines Energiefeldes deutlich wahr.*

*Schaue dir alles genau an. Schau dir genau an, was da in
deinem Energiefeld passiert. Verweile erst einmal in diesem
Schauen. Genieße diese Erfahrung und komme wieder zurück in den Alltag, wann immer du magst.*

Nun möchte ich die Erscheinungen dieses Feldes erklären. Vielleicht siehst du Farben in deinem Feld. Es sind die
Farben, die bestimmte Stimmungen, Bestimmungen und
Erfahrungen, die dein ganzes Dasein ausmachen, beschreiben. Wenn ein, wie ihr es nennt, Außerirdischer dich betrachtet, dann sieht er deine Farben, er »sieht« dich auch
in Form von Tönen, und er weiß, wer du bist, wo du her-

kommst, was dein Dienst ist. Er kann dich an deinen Farben, Tönen und Formen erkennen. Dein Energiefeld ist wie ein irdischer Personalausweis und sagt aus, wer du bist. Selbstverständlich zeigt sich auch deine aus- oder unausgeprägte Eigenliebe in Form von Farben.

Dein Energiefeld, deine Aura, wie ihr es nennt, ist das Feld, das sich in dieser neuen Zeit immer mehr verändert. Deine Klärungsarbeit zeigt sich in diesem Feld. Je kraftvoller und klarer deine Aurafarben sind, desto klarer bist du. Du hast deine Qualitäten, die dich ausmachen, zur Hochform gebracht. Wenn alle Farben leuchten und glänzen, bist du ganz in deiner Kraft. Wenn noch dunklere Farben, nicht klare Farben oder Nebel in deinem Feld zu sehen sind, bedeutet es: Du musst noch an dir arbeiten, Klärungsarbeit und Aufräumungsarbeit leisten. Ich drücke es hier so aus, wie es für dich klar verständlich ist. Physikalisch ist es komplizierter, wenngleich auch wieder einfach. Ihr werdet euch noch über manches wundern, wenn ihr umfassend erkennt, wie das Universum funktioniert. Nichts ist dem Zufall überlassen, auch wenn es oftmals so scheint. *Alles hat einen göttlichen Plan, und alles ist im göttlichen Plan enthalten.*

Es ist möglich, dass Löcher in einem Energiefeld sind, dann ist der Energiemantel nicht mehr intakt. Das ist oft bei Menschen der Fall, die Drogen jeglicher Art zu sich nehmen. Drogen zerfressen das intakte göttliche Feld und bringen das gesamte Gefüge aus dem Gleichgewicht. Das Thema Drogen beinhaltet viele Aspekte, nicht nur körperliche. Die Frage sollte sich jeder Mensch stellen: Warum greife ich zur Droge? Wo mag ich nicht hinschauen, was mein Leben betrifft? Was möchte ich verdecken? Wo bin ich nicht ich selbst?

Ich möchte hier nicht den Zeigefinger erheben, doch ist es unerlässlich, diesen Bereich genauestens zu beleuchten.

Es liegt in deiner Eigenverantwortung, und sei sicher, dass ein Meister weder dem Alkohol noch anderen Drogen die Führung in seinem Leben überlässt.

Löcher in der Aura sollten mit Energie wieder verbunden werden. Das kannst du selbst tun, indem du göttliches Licht visualisiert und damit die Löcher füllst. Das ist allerdings Symptombekämpfung. Danach untersuche, woher diese Löcher kommen, beziehungsweise wo die Themen bei dir liegen, die bearbeitet werden müssen.

In einem instabilen Energiefeld ist natürlich auch erkennbar, wenn Menschen gerade eine Krankheit »bearbeiten«. Kleinere Unpässlichkeiten machen sich weniger bemerkbar wie größere Krankheiten. Auch hier stärkt Energiearbeit die schwache Aura. Leite göttliche Energie in dein Feld. Bedenke auch hier, dass jegliche Energiefeldveränderungen Ursachen haben, die im geistigen Bereich des Menschen zu suchen sind. Die Krankheiten, ob schwere oder leichte, bezeugen, dass der Mensch im Ungleichgewicht ist. Energiearbeit kann lediglich eine unterstützende Arbeit sein. Wenn du noch nicht so erfahren bist im Energievisualisieren und -lenken, bitte *Jesus Christus*, dir dabei behilflich zu sein. Er steht immer zur Hilfe bereit.

Ich komme jetzt zu einem Thema, das dich bitte nicht ängstigen soll. Es ist das Thema der Fremdenergien, die deinen Energiekörper belagern können. Darüber möchte ich gerne ausführlicher berichten:

Alles, was es gibt, kommt von GOTT. GOTT ist in allem, was ist. GOTT hat den Wesen aller Art die Möglichkeit gegeben, sich frei zu entwickeln. Zu einigen Planeten gehört auch das Lernen durch Polarität. Ihr erinnert euch? Ich spreche von Gut und Böse, von Hell und dunkel, und so weiter.

Es gibt also Bewusstseinseinheiten, so will ich es bezeichnen, die unterwegs sind – auch in Richtung Erde –, um sich auf *ihre Art* weiterzuentwickeln. Manchmal auch nicht im Sinne des Lichtes. Nicht im Sinne der Lichtarbeit, aber im Sinne des EINEN. Verstehe den Unterschied. Diese Wesen, die euch besuchen, sind oftmals technisch weiter entwickelt als ihr Menschen, aber ihnen fehlt die Herzensbildung. Sie sind nicht im Herzen voll entwickelt. Ihnen fehlt zurzeit die Vollkommenheit des EINEN. Irgendwann werden sie wieder ins Licht schreiten; das ist im göttlichen Plan enthalten. Aber zurzeit agieren sie noch in der Dunkelheit, oder zumindest im Zwielicht.

Diese Wesen lieben deine Energie, sie lieben dein Licht.

Es kann also sein, wenn du in deinem Energiefeld Graues oder Dunkles ausmachst, dass du ungebetenen Besuch hast. Du wirst es wahrscheinlich schon früher bemerkt haben, dass du nicht alleine bist. Dieser Besuch bringt oft unangenehme Begleiterscheinungen mit sich: Du fühlst dich schwach oder müde, bei starken Fremdbesuchen fühlst du auch Reaktionen in dir, die dir fremd sind, vielleicht Aggressivität oder auch Missgunst. Es sind die Eigenschaften, die diese Wesen mitbringen und durch dich leben. Sie versuchen oft, aktiv in dein Leben einzugreifen. Wir können hier auch von einer Besetzung sprechen. Jetzt versuche aber nicht bei jedem Menschen, der

89

dir begegnet und schlecht gelaunt ist, gleich eine Besetzung zu entdecken oder zu vermuten. Vielleicht hat er ganz einfach einen schlechten Tag.

Eine weitere Möglichkeit, fremde Energien in sich zu haben, sind Seelen, die noch nicht im Licht sind, die ihren Tod, ihren Übergang nicht wahrnahmen. Sie wissen nicht, dass sie tot sind. Sie verweilen an ihrer alten Stätte des Wirkens und glauben, sie leben noch. Sie sind in deinem Energiefeld, weil sie ebenfalls deine Energie lieben und brauchen, und weil sie auch oft vormals in deinem Umfeld lebten. Es ist ihr altes Umfeld, möglicherweise ihr Zuhause. Betrachte sie als Wesen, die meistens unwissentlich handeln. Vielleicht siehst du sie vor deinem geistigen Auge als ein Ritter aus dem Mittelalter oder als eine alte Frau aus Kriegstagen. Manche Seelen, die noch nicht ins Licht gefunden haben, sind auch einfach nur Mitfahrer.

Sie irren herum und suchen sich Energieplätze.

Dann gibt es auch Wesen aus den niederen astralen Bereichen der vierten Dimension, die versuchen, in dein Leben einzugreifen. Sie geben ihre nicht ausgeglichenen Energien in dein Feld und nehmen möglicherweise Einfluss.

Wichtig ist nun, diese Wesenheiten, wer immer sie auch sind, und wo immer sie auch herkommen, aus deinem Energiefeld zu entfernen.

Was ist zu tun, wenn du eine solche Besetzung spürst, siehst und fühlst?

Als erstes sei nicht in Angst, sondern wisse, dass wir dir immer helfen, wenn du erkannt hast, was geschehen ist und uns um Hilfe bittest. Wir können diese Seelen aus deinem Feld verweisen und sie ins Licht führen. Du kannst auch die Hilfe von Menschen in Anspruch nehmen, die sich mit dieser Reinigung befassen. Es gibt in der heutigen Zeit viele alte Lemurier und Atlanter, die wissen, wie man spirituell agiert, um Menschen von diesen Besetzungen zu befreien. Sie arbeiten meist mit der Geistigen Welt zusammen, zum Beispiel mit dem *Meister St. Germain* oder mit *Erzengel Michael*, die ihnen behilflich sind. Einige von den alten Weisen haben entsprechende Initiationen bekommen und können selbstständig agieren.

Es ist wichtig, dass du dir bewusst machst, dass auch diese Erfahrungen zu deinem Entwicklungsprozess gehören. In der heutigen Zeit der Bewusstwerdung bedarf es immer mehr Menschen, die anderen Menschen behilflich sind, sich zu klären.

Als angehender Meister wirst du deshalb aufgefordert, selbst diesen Dienst zu erledigen. Dabei möchte ich dir nun helfen. Wenn du siehst oder fühlst, dass in deinem Energiefeld Bewusstseinseinheiten sind, die da nicht hin gehören, dann agiere folgendermaßen:

Kläre zuerst, wer es ist. Versuche, diese grauen, dunklen Felder zu analysieren. Erschrecke nicht, wenn du Augenkontakt hast und Wesen erkennst, die dir nicht menschlich erscheinen. Es können Wesen sein, die wie Reptilien aussehen oder auch andere Formen haben, Wesen, die nicht von der Erde sind. Vielleicht siehst du menschliche Gestalten. Dann sind es die, die noch nicht glauben, dass sie hinübergegangen sind, oder Wesen aus niederen astralen Bereichen. Nun nimm sprachlichen Kontakt auf. Voraussetzung ist natürlich, dass dein Kanal geöffnet ist. Frage dieses Wesen »Wer bist du? Warum bist du in meinem Energiefeld?« Die Antwort wird klären, ob es sich hier um eine verstorbene Seele handelt oder um eine andere Lebensform.

Das Ziel ist nun, diese Seelen ins Licht zu führen.

Wenn du erkannt hast, dass du Besuch von verstorbenen Seelen oder Seelen aus dunkleren astralen Bereichen der vierten Dimension hast, frage deine geistigen Helfer, ob es an der Zeit ist, ob es gestattet ist, diese Seelen ins Licht zu führen. Es ist auch möglich, dass es in ihrem Entwicklungsplan noch nicht vorgesehen ist. In einem Heilungsprozess ist es ähnlich. Manchmal darf eine Krankheit noch nicht gehen. Wenn die Geistige Welt den Weg ins Licht bejaht, erbitte die göttliche Instanz um die Errichtung einer Lichttreppe. Du wirst sehen, dass sich eine Lichttreppe vor deinem geistigen Auge entwickelt und zwei Engel dort stehen und darauf warten, die suchende Seele in Empfang zu nehmen. Nun sprich mit der oder den Seelen, erkläre ihnen, wo sie sind, und dass es Zeit ist, ins Licht zu gehen. Es kann sein, dass sich ein lebhaftes Gespräch entwickelt, weil die Seele nicht um ihre Lage weiß. Es entscheidet sich nun, ob sie ins Licht möchte oder nicht. Überrede sie nicht, aber erkläre, so gut du kannst, warum eine Weiterentwicklung unerlässlich ist. Wenn die Seele einwilligt, ins Licht zu gehen, dann darfst du sie an die Hand nehmen und zu den Engeln, die auf der Lichttreppe stehen, geleiten. Den Rest dieser Reise übernimmt die göttliche Instanz. Wenn die Seele nicht ins Licht gehen möchte, dann verweise sie aus deinem Energiefeld. Sie wird es nicht gerne tun, aber ihr bleibt nichts anderes übrig. Du hast die Autorität!

Diese Art der Klärungsarbeit ist eine umfassende Sache. Es ist nicht nur ein Dienst an dir, sondern ein Dienst am Universum. Bist du dir nun bewusst, wer du wirklich bist?!

Traue dich, diese Klärungsarbeit (wieder) zu lernen. Vielleicht hast du in deinem Energiefeld zurzeit keine Besucher. Das ist lobenswert. Dann kann es aber durchaus sein, dass GOTT dir in dieser Meisterschaftsphase extra jemanden schickt, damit du an dieser Situation lernen kannst. Funktioniert das Universum nicht wunderbar?

Wenn dein Besuch außerirdischer Natur ist, solltest du klären, welcher Art dieser Besuch ist. Ich möchte hier unterscheiden zwischen den Besuchern, die technisch weit entwickelt sind, aber nicht im Herzen, und die der dunkleren Seite dienen. Und denen, die technisch weit entwickelt sind, und sich, wie du, nun weiterentwickeln wollen, aber die Herzensliebe *nicht* kennen. Sie sind hier zu diesem Planeten gekommen, weil sie wissen wollen, wie es ist, zu fühlen. Das allein ist der Grund für ihren Besuch. Bedenke auch, dass du nicht nach dem Äußerlichen urteilen solltest. Die Formen der göttlichen Schöpfung sind sehr unterschiedlich, nicht alle Wesen haben menschenähnliche Formen.

Jetzt musst du unterscheiden, zu welcher Art gehören deine Besucher. Das klärst du durch Fragen. Frage aber mit offenem Herzen, nicht mit deinem Verstand. Wenn es Besucher sind, die deine Energie wollen und dich beeinflussen, deinen Weg ins Licht nicht klar beschreiten zu können, verweise sie des Feldes.

Allerdings solltest du, das macht die Weisheit eines Meisters aus, vorher herausfinden, ob diese Wesen vielleicht auch ins Licht gehen möchten. Die Transformation des Planeten ist auch verbunden mit einer Transformation dieses Universums und seiner vielen Bewohner. Es kann also durchaus sein, dass diese Besucher – möglicherweise durch ein Gespräch – bereit sind, ins Licht zu gehen. Das gehört zu deinen neuen Aufgaben: Anderen Bewusstseinseinheiten bei ihrer Entwicklung behilflich zu sein. Bitte dann die göttliche Instanz, diese Wesen ins Licht zu leiten. Es ist unterschiedlich, was dann passiert. Sei offen und schaue, was zu geschehen hat für diese Transformation. Wahrscheinlich bist du nur ein Beobachter. Vielleicht bekommst du auch Anweisungen, wie du verfahren sollst. Vertraue der göttlichen Instanz.

Wenn diese Wesen nicht ins Licht schreiten wollen und sich in ihrem Dasein wohl fühlen, dann mach ihnen machtvoll klar, dass sie sofort dein Feld verlassen müssen, denn du bestimmst, was in deinem Umfeld passiert. Sie werden gehen. Wenn das nicht der Fall sein sollte, stellt sich manchmal heraus, dass du mit ihnen alte Verträge hast. Alte Eide und Schwüre wollen noch gelöst werden. Da tritt mein Bruder Michael, *Erzengel Michael*, wieder in Aktion. Er entfernt diesen Eid, den Schwur und beendet die Verbindung. Dann bist du frei. Verweise die ungebetenen Gäste des Feldes.

Wenn du Besucher hast, die auch lernen wollen, dann hast du nun die Möglichkeit, deinen Dienst am Universum zu erweitern. Bedenke, dass alles Wachstum im Sinne von GOTT ist. Frage die Wesen, was sie von dir wollen. Sie werden dir sagen, dass sie wissen wollen, wie es ist, in der Herzensenergie zu sein. Du hast jetzt auch die Chance zu erfahren, wer sie sind und woher sie kommen. So erweiterst du gleich dein Wissen. Jetzt kannst du ihnen erlauben – das wird dich jetzt erstaunen – an dir zu lernen. Gestatte ihnen, für einen bestimmten Zeitraum, sich an dir zu nähren, bei dir zu sein und zu erleben, wie es ist, Gefühle zu haben. Begrenze die Zeit dieses Besuches. Vielleicht sagst du ihnen, sie dürfen drei Wochen bei dir lernen. Nach diesem Zeitraum verabschiede sie und nimm ihren Dank entgegen. Manchmal entwickeln sich hieraus wunderbare Verbindungen.

Voraussetzung für alle die hier erklärten Arbeiten ist natürlich, dass du in dir selbst klar bist, dass du ohne Angst bist, dass du dich traust, diesen verantwortungsvollen Dienst anzunehmen.

Wenn du dir unsicher bist, diese Aufgabe schon zu übernehmen, wende dich im Zweifelsfalle an spirituelle Helfer in deinem Umfeld und hole dir professionelle Hilfe oder wende dich an uns. Warte, bis du dich stark und klar genug fühlst, in diese Arbeit hineinzugehen. Später kannst du, wenn dein inneres Auge weit geöffnet ist und du dich selbst geklärt hast, auch anderen Menschen behilflich sein. Vertraue da deinem Höheren Selbst. Es weiß, wann du zu diesem Dienst bereit bist.

Ich möchte gerne noch einmal zusammenfassen: Viele Menschen kommen irgendwann einmal in die Situation, Gäste, auch außerirdische Gäste, in ihrem Energiefeld zu haben. Ungebetene Gäste, die Energie ziehen wollen und die dein Leben eventuell beeinflussen möchten. Es können auch Seelen sein, die nicht wissen, dass sie nicht mehr in physischer Form auf der Erde sind. Diese Menschen brauchen Hilfe, die sie von diesen Gästen befreit. Bitte nicht vergessen: Alles sind göttliche Wesen und Bewusstseinseinheiten.

Gehe nicht in die Wertigkeit hinein. Sie können, ihrer Entwicklung angemessen, an ihren Ort der Bestimmung verwiesen werden. Und das kann ein Meister mithilfe der Geistigen Welt und spiritueller Helfer. Später kannst du es allein in die Hand nehmen.

Abschließend möchte ich dich aufrufen: Schaue regelmäßig in dein Energiefeld, um zu sehen, wie es beschaffen ist. Nicht nur bezüglich der Gäste, sondern ergötze dich auch gerne an den himmlischen Farben, die dich ausmachen. Es gehört zu deiner Entwicklung, diese Bilder vor deinem geistigen Auge zu sehen.

Später wirst du diese göttlichen Farben und Formen auch mit geöffneten Augen ausmachen. Auch Töne, die du plötzlich unverhofft wahrnimmst, gehören dazu.

Es hat zu allen Zeiten Besetzungen gegeben. Die Bibelfesten unter den Lesern werden wissen, *Jesus, der Christus* hat auch energetisch viele Menschen befreit. Die Variante, wie es heute leider immer noch praktiziert wird, besetzte Menschen in eine geschlossene Anstalt zu stecken und/oder mit Medikamenten ruhig zu stellen, ist mit Sicherheit der falsche Weg.

Alle Wesen, die in dein Energiefeld eintreten wollen, haben keine Chance, hereinzukommen, wenn dein Feld absolut intakt ist. Damit meine ich, es ist für sie unmöglich, dich zu betreten, wenn du ganz in deiner Eigenverantwortung und ganz mit dir bist. *Fremdeinwirkungen entstehen nur, wenn du nicht im Gleichgewicht bist.*

Es gibt noch eine Variante der freudvollen Besetzung, so will ich es beschreiben: Es ist die Situation, die du ständig hast, wenn deine geistigen Helfer und ein Teil deiner nicht inkarnierten Familie bei dir sind. Selbstverständlich sind sie auch in deinem Energiefeld, um mit dir effektiv zu arbeiten. Wenn ich, wie jetzt mit meiner Partnerin, intensiv arbeite, bin ich auch in ihrem Energiefeld, sonst käme diese wundervolle Verbindung gar nicht so effektiv zustande. Und jetzt fühle einmal kurz in *dein* Energiefeld hinein. Fühlst du liebevolle Präsenz. Ja? Ich habe mich bemerkbar gemacht.

Nun sei noch erwähnt, dass du in deinem Energiefeld auch Punkte oder Farben entdecken kannst, die einen anderen Daseinsgrund haben: Es sind die Seelenaspekte der Gesamtseele, aus der du stammst, die sich wieder mit dir vereinigen. Ja, du hast richtig gelesen: Es sind Seelenaspekte, die sich mit *dir*, ihrem weiter entwickelten Seelenaspekt, vereinen wollen, um mit dir gemeinsam den Weg in den Aufstieg und in die Meisterschaft zu gehen. Heiße sie willkommen!

Näheres über dieses Thema ist im Kapitel »Die Vereinigung der Seelenaspekte« zu lesen.

Die Vereinigung der Seelenaspekte

Du geliebtes Menschenwesen bist hier auf der Erde als *ein* Seelenaspekt inkarniert, du bist Teil eines Ganzen. In diesem Zusammenhang möchte ich deinen Werdegang beschreiben, ich meine den Werdegang von Anfang an. Du bist GOTT, und ich bitte dich, diese Aussage endlich anzunehmen. Du bist ein Teil von GOTT. GOTT ist in dir. Dein Höheres Selbst repräsentiert deinen göttlichen Funken. Du bist hier auf der Erde als unsichtbarer Teil von GOTT unterwegs, unerkannt, sogar unerkannt von dir selbst. Ist das nicht komisch? Das ist kosmischer Humor.

Du bist göttlichen Ursprungs und wusstest nichts davon. Das war sicherlich Tausende von Jahren so. Du wurdest in dem Bewusstsein gehalten, dass du ein Wesen bist, das von GOTT getrennt ist. Man hat dir gesagt, du musst dich wohl und gut verhalten, zum Schöpfer beten, um erhört zu werden. Du batest um Liebe, um Gottvertrauen, du suchtest den EINEN außerhalb von dir. Da konntest du lange suchen. GOTT ist in dir.

Jeder von euch kommt aus der QUELLE. Sie ist euer Zuhause. Deshalb fühlen viele Menschen, die sich intensiv mit sich selbst befassen, ein Wohlgefühl bei tiefen spirituellen Erlebnissen und Begegnungen. Sie fühlen sich so, als seien sie endlich zu Hause angekommen. Und das hat nichts mit dem physischen Zuhause, mit deiner Wohnung, zu tun. Endlich zu Hause, endlich mit sich selbst, mit GOTT inniglich verbunden zu sein, das ist ihr Gefühl.

Dein Weg führte dich irgendwann aus der QUELLE heraus. Du wurdest ausgeschüttet mit vielen anderen Seelen. Es gab mehrere Ausschüttungen. Doch das ist ein spezielles Thema. Die Seelen wurden ausgesandt, um Erfahrungen zu sammeln. Stell dir einfach vor, sie waren viele Lichtformationen, die auszogen, um irdische und andere Erfahrungen zu machen.

Der Weg der Seelen ist ein langer Weg. Er beinhaltet auch, dass sich eine Seele für die vielen Erfahrungen, die sie machen möchte, aufteilt. Die Seele teilt sich in verschiedene Seelenaspekte.

Da der Weg einer Seele und der Seelenaspekte ein langer, unaufhaltsamer ist, der bis in die tiefsten und entlegensten Ecken des Universums führt, gab es weitere Teilungen.

Das Universum zu beschreiben ist unendlich. Es gibt viele, viele Galaxien und Sonnensysteme. Alle sind mit Bewusstsein erfüllt, mit Bewusstseinseinheiten verschiedener Art. Alle Seelenaspekte sind demnach Bewusstseinseinheiten.

Je weiter die Reise der Seelenaspekte ging, je mehr Teilungen erfuhren sie. Es ist wie eine gezielte Streuung zu verstehen. Stell dir vor, dass die Seele sich immer wieder – in den meisten Fällen – durch die göttliche Zahl zwölf teilte, auch in ihrer Potenzierung. Die Zahl der Spaltungen ist dem Universum angemessen.

Irgendwann, wenn alle Aspekte lernerfüllt sind, wenn GOTT sich ausreichend erfahren hat, vereinigen sich die Aspekte wieder zurück, immer weiter, bis wieder die Einheit geschaffen ist, die ursprünglich aus der QUELLE ausströmte.

Dies ist eine einfache Erklärung der Lernerfahrung der göttlichen Seele. Gemeint ist mit alledem: So erfährt GOTT mehr über sich selbst. Erkennst du jetzt, warum du ein Teil der QUELLE bist?

Jetzt möchte ich den Weg der angereisten Seelenaspekte in dem Universum der Dualität beschreiben:

Stell dir wieder vor, ein Seelenaspekt, ein Engel, hat beschlossen, vielleicht auch mit ein paar Freunden, das Universum der Dualität zu erfahren. Vielleicht sagt der eine Engel zum anderen: »Du, hier soll ganz viel los sein. Hier kann man tolle Dinge erleben. Was meinst du, wollen wir uns auf dieses Abenteuer einlassen? Man erzählt sich so viele aufregende Sachen über dieses Universum. Wollen wir diese Reise wagen?« Sei dir bewusst, das dieses deine eigene Geschichte ist. Die hast du erlebt, du als kleineres Ganzes.

Dann schrittest du durch eines der Tore in diesem Universum, vielleicht beim Orion-System, und begabst dich in ein unglaubliches Abenteuer.

Nach dem Betreten dieser Zone wurdest du als gesamte Seele nochmals geteilt. Außerdem erfuhrst du später eine Teilung in Männlich und Weiblich. Vorher war in dir beides komplett vereinigt. Nun geschah eine Aufteilung deines ganzen Gepräges in getrennte Lerneinheiten. Erschrick bitte nicht darüber, du bist auch so vollkommen. In Anteilen ist das Männliche und Weibliche allerdings in jedem inkarnierten Wesen zusätzlich vorhanden. Da gilt es, beide Potenziale in Ausgewogenheit zu halten.

Und dann machtest du hier in diesem Universum deine Lernerfahrungen. Die aufgeteilten Seelenaspekte, von denen du einer bist, trafen nach ihrer Ankunft in einer besonderen Halle auf Wesen, die mit ihnen ihre weiteren Schulungsbereiche besprachen. Du warst dort mit ihnen zusammen, um gemeinsam genauestens zu überlegen, was weiter mit dir geschieht, auf welchem Planeten du startest, um dualistische Erfahrungen zu sammeln. Und so begann deine Schulungsreise in diesem System.

Jeder deiner Verwandten, deiner Freunde, der Rest deiner Crew, macht seine eigenen Erfahrungen. Während du jetzt hier auf der Erde bist, kann es sein, dass zum Bespiel dein Freund Nakara sich gerade auf der Venus befindet, um dort zu lernen.

Jeder macht seine eigenen Erfahrungen. Es soll nicht als Notensystem verstanden werden. Aber nicht jeder hat den gleichen Entwicklungsstand zu einer bestimmten Zeit. Irgendwann seid ihr alle auf einem Level, auf einer gleichen Ebene. Eine deiner Schwestern ist zurzeit vielleicht in der astralen Ebene, ist also nicht inkarniert und wartet dort auf die Vereinigung. Ein weiterer Teil deiner selbst lebt wohlmöglich auf dieser Erde, aber in einem anderen Zeitplan. Er ist als Ritter im Mittelalter unterwegs. Komme jetzt hier langsam zu der Erkenntnis, dass alle Zeitspannen der Lernerfahrungen gleichzeitig stattfinden.

Du bist hier auf der Erde und hast schon lange, lange Zeit hier gedient. Oder du bist eine von den Seelen, die extra zu diesem Zeitpunkt auf die Erde gekommen sind, um jetzt hier der Erde bei ihrem Aufstieg zu helfen. Diejenigen von euch Seelenaspekten, die in dieser Inkarnation aufsteigen wollen, die zum Meister avancieren werden, sind hier auf der Erde der Sammelpunkt für die anderen Seelenaspekte. Das heißt, hier vereinigen sich alle aus dem dualen Universum. Alle die, die noch nicht in höheren Dimensionen wirken, werden jetzt nacheinander zu dir kommen.

Diese Information muss dich nicht ängstigen. Es ist keine Fremdbesetzung, die geschieht, sondern eine liebevolle Vereinigung der einzelnen Seelenaspekte, die getrennt wurden vor langer Zeit und sich nun wieder vereinigen. Diese Vereinigung geschieht stufenweise, angemessen zu deinem Lichtkörperprozess, dieser Umarbeitungsarbeit deiner Körper und Aktivierung deiner DNS-Schichten.

Stell dir einfach vor, dein Bruder Nakara ist auf der Venus und arbeitet dort in seiner Berufung als Schamane. Er hat dort nicht die Möglichkeit des Aufstiegs wie hier auf diesem Planeten und ist jetzt bereit, zu dir zu kommen, um sein Potenzial mit deinem zu vereinen. Genauer betrachtet ist es eine wundervolle Sache, nicht wahr? Dein Potenzial wird gesteigert. Du kannst deinen Bruder bitten, sein Potenzial in dein tägliches Leben einzubringen. Die Gruppe sammelt sich. Es findet eine Vereinigung statt. Es ist durchaus möglich, dass Aspekte erst später zu dir stoßen. Das hängt mit ihren anderen Aufgaben und ihrem Entwicklungsstand zusammen.

Die Vereinigung der Seelenpotenziale in dir geschieht ab einem bestimmten Status deines Lichtkörperprozesses. Es ist kein irdischer Vorgang. Er geschieht im Lichtbereich und wird von vielen Geistwesen, auch galaktischen Biologen, begleitet. Du wirst es wahrscheinlich spüren. Wie, hängt auch von deiner Einstellung zur Vereinigung ab. Wenn du es freudig erwartest und annimmst, werden vielleicht einige körperliche Schwächegefühle auftreten, aber diese Vereinigung wird eher mit Wohlgefühlen verbunden sein. Es ist daher sinnvoll, dieser Vereinigung gelassen und in Ruhe entgegenzusehen.

»KRYON, wie erkenne ich, ob sich schon andere Seelenaspekte zu mir gesellt haben?«, wirst du vielleicht fragen. Die Geistige Welt wird dich darauf aufmerksam machen. Wenn du in deine Aura hineinschaust, wirst du ebenfalls eine Veränderung bemerken. Bunte Flecken können sichtbar sein. Es sind deine anderen Anteile, die sich nun dort aufhalten. Es ist dir möglich, Kontakt zu ihnen aufzunehmen. Versuche sie über das innere Schauen zu erreichen. Bitte einfach, dass sie erscheinen mögen.

Wenn du so weit entwickelst bist, dass diese Vereinigung stattfindet, dann wird dein Kanal zum Kommunizieren weit geöffnet sein, sodass du auch mit ihnen sprechen kannst. Ja, und dann erfrage alles, was du wissen möchtest. Wenn du magst, lege ein Heft an, in dem du alles niederschreibst, was du an Informationen erhältst.

Es macht Sinn, sich mit ihnen eng zu vereinen, um die Stärken und Qualitäten und ihr Wissen zu integrieren. Wie diese ganze wunderbare Vereinigung praktisch funktioniert, darüber brauchst du dir keine Gedanken zu machen. Die Arbeit wird von himmlischen Helfern erledigt.

Das alles sind wahrscheinlich neue Informationen für dich.

Lass dich bei dem Gedanken daran nicht verunsichern. Gehe in dein Herz hinein und spüre die Einzigartigkeit dieses göttlichen Spektakels.

Dein Aufstieg ist nun demnach kein Einzelaufstieg, sondern eine Gemeinschaftsaktion. Die Seelenaspekte, die jetzt zu dir kommen, erfahren auch eine besondere Art der Umarbeitung und werden deinem Energiefeld angepasst.

Vielleicht fragst du jetzt: »KRYON, bedeutet das jetzt, dass die anderen über mein Leben bestimmen?« Nein, du bist der Chef!

Du hast das Bestimmungsrecht, du sagst, was passieren soll. Aber ich rate dir, die anderen mitarbeiten zu lassen. Ihre Potenziale mache dir zunutze. Sie können dein Leben und dein Wachstum nur bereichern. Ist es nicht eine schöne Vorstellung, dass du bei deiner Arbeit, deiner privaten Situation plötzlich weise Erkenntnisse und Eingebungen hast, die dir auf geschwisterliche Art und Weise zuflossen?

Wenn du ein Seelenaspekt bist, der beschließt, in diesem Leben die Erde nicht mit dem Aufstieg zu verlassen, bist du auch geehrt und geliebt, wie alle Seelenaspekte, die hier inkarniert sind. Dann wirst du eine andere Gelegenheit wahrnehmen, deinen Aufstieg zu planen und dich mit deinen anderen Seelenaspekten zu vereinigen.

Die Erweckung deines Lichtkörpers

Nach all den vielen Informationen, die ich dir für deine Weiterentwicklung gab, fragst du vielleicht: »KRYON, ich höre soviel vom Lichtkörperprozess. Wie verhält es sich damit? Wie entsteht er? Wie komme ich in ihn hinein? Was kann ich persönlich tun, um an diesem Prozess teilzunehmen?«

Stell dir bitte vor, dass all die Worte, die Schwingungen, die du hier durch dieses Buch bekommst, dir einen gewaltigen Schubs geben, einen Schubs in deinen Lichtkörper hinein. Es waren vielfältige Anstöße nötig, um dich zu aktivieren. Denn Worte haben zwar eine große Kraft, aber das, was mit dir geschieht, während du hier diese Zeilen liest, ist noch effektvoller. Es zieht die Anhebung deiner Schwingungen nach sich. Während du dieses hier liest, ob regelmäßig, ob ab und an, wenn du Zeit hast, es bleibt nicht ohne Wirkung für deinen Lichtkörperprozess.

Die Aktivierung deines Lichtkörpers hat viele verschiedene Stufen. Sie beinhalten unter anderem die Aktivierung deiner DNS-Schichten. Vor der Harmonischen Konvergenz 1987 waren bei den meisten Menschen zwei Schichten der DNS aktiviert. Dieser Status hat etwas mit dem Zustand der Freiheit dieses Planeten zu tun. Die Wesen von einem anderen Planeten – darüber berichtete ich –, die euch lange

Zeit lenkten, waren nicht an eurer Entwicklung interessiert und versiegelten eure Aufstiegsleiter. Mit dem Einläuten der neuen Erdenzeit hat sich das geändert, und es wurde bei allen Menschen die dritte DNS-Schicht aktiviert. Natürlich gab es zu allen Zeiten Menschen, deren Schichten sich, unabhängig von dieser allgemeinen Situation, aktivierten. Es waren die, die ihren Weg in die Meisterschaft angingen und sich mithilfe irdischer und geistiger Helfer auf diesen Weg begaben.

Die Aktivierung dieser DNS-Schichten möchte ich heute nicht spezifischer besprechen, das möchte ich später nachholen. Es ist sehr komplex.

Ich kann dich beruhigen. Es entgeht dir jetzt nichts. Auch ohne exakte Informationen geht dein Lichtkörperprozess vonstatten. Wenn du in der Neuen Energie bist und all die hier angesprochen Themen bearbeitest, bist du automatisch in diesem Prozess. Mit der Neuen Energie hast du die Eintrittskarte in eine neue Welt. Wir arbeiten an dir auf allen Ebenen.

Jeder deiner Körper wird bearbeitet. Hauptsächlich verändern himmlische Chirurgen und Biologen dein gesamtes Energiefeld. Alte Implantate werden entfernt, die deine Aktivierung der DNS-Schichten verhinderten. Sie wegzunehmen, kann mit körperlichen Zipperlein verbunden sein, auch mit Schlaflosigkeit, mit einem Taubheitsgefühl im Wirbelsäulenbereich. Wir aktivieren deine weiteren Chakren. Dir waren wahrscheinlich bisher nur die sieben Chakren ein Begriff.

Es gibt generell mehr, an Körperstellen, die simultan im Ätherkörper passende Funktionen ausüben. Ich spreche jetzt hier von den Chakren, die vorher nicht aktiviert waren. Sie werden nun langsam in dein wachsendes Energiefeld involviert und beginnen ihren Dienst. Sie befinden sich oberhalb und unterhalb deiner Körpermitte im Linienbereich der anderen Chakren.

Dein Drittes Auge erfährt eine Erweiterung, mit Steigerung zum klaren himmlischen Blick, so will ich es formulieren. Dein Drüsensystem erfährt eine Aktivierung. Deine Thymusdrüse und deine Zirbeldrüse, die sehr vielfältig mit dem Zellalterungsprozess – unter anderem – verbunden sind, nehmen ihre Arbeit wieder auf. Ab einem bestimmten Zeitpunkt beginnt dein Körper sich zu verjüngen. Da sehe ich um mich herum strahlende Augen. Ja, ich spreche von dir. Es ist ein uralter Menschheitstraum, den Alterungsprozess zu kontrollieren.

Wie schon im ersten Buch meiner Partnerin erwähnt, geht dieser Lichtkörperprozess nicht linear vonstatten. Du bist ein Individuum, und so wirst du auch behandelt. Wir kennen dich ganzheitlich, und so arbeiten wir auch an dir. Das bedeutet auch, dass man nicht sagen kann, alle Lichtarbeiter sind so und so weit in ihrer Entwicklung. Wir nehmen viel Rücksicht auf deinen täglichen Lebensablauf, soweit es uns die wenige Zeit, die uns noch bleibt, erlaubt. Menschen, die selbst viel Dienst an der Menschheit tun, werden in ihren Ruhepausen behandelt. Mütter und andere Menschen mit fürsorglichen Funktionen bekommen ausreichend Regenerationsphasen.

Wir möchten euch nicht ängstigen, müssen euch aber sagen, dass dieser Prozess zu jeder Zeit eine zu durchlaufende Phase für Meisterschüler war. Nur, die Zeiten sind anders, schneller und schwingungsaktiver. *Diese* Erdphase hat auch noch die Besonderheit, dass die unabdinglichen körperlichen Umwandlungen unter nicht so harten Bedingungen ablaufen. Die hohen Schwingungen der Erde machen diesen Prozess leichter. Trotzdem sind Beschwerden, wie Symptome einer Grippe, die keine ist, Druckschmerzen jeglicher Art, Gewichtszunahme und -abnahme, Veränderung des Stuhlgangs, Müdigkeit und Apathie, Ohrensausen, Sehschwäche, Kopfdrücken, Erschöpfungszustände und vieles mehr für eine längere Zeit *phasenweise* an der Tagesordnung. Diese Last können wir euch nicht abnehmen.

Du wirst auch spüren, dass dein Körper sich »weiter, größer« anfühlt. Vielleicht magst du ein bisschen experimentieren:

Ertaste, wie sich die anderen Körper anfühlen. Du weißt, dein physischer Körper ist verdichtetes Licht. Um dich herum ist ein elektromagnetisches Feld. Taste dieses Feld einmal ab. Es fühlt sich anders an als noch vor einiger Zeit. Es kann ein ganzheitliches Daseinsgefühl aufkommen. Du fühlst dich als Ganzes. Visualisiere dich als großes Lichtwesen. Es gibt ein stärkendes Wachstumsgefühl, und das kannst du gut gebrauchen in dieser ambivalenten Umarbeitungszeit.

Wenn du dich einmal nicht wohlfühlst, ist es meist keine Krankheit, die dich »erwischt« hat, sondern dein Körper teilt dir mit: »Wir kommen in eine neue Schwingungseinheit. Wir wachsen.«

Unterstütze ihn durch Ruhe und Gelassenheit. Empfehlenswert sind Dinge, die dir körperlich gut tun: Massagen, Salzbäder, Farbbäder, viel Schlaf, intensive Spaziergänge in Naturgebieten. Die Kraft der Natur spendet dir Wohlbehagen und Frieden. Du wirst auch bei deiner Nahrungsaufnahme Veränderungen spüren. Deine Verdauungsorgane erfahren auch eine Umarbeitung. Am besten unterstützt du diesen Prozess, indem du dich nicht nach alten Ernährungsleitfäden richtest. Spüre in deinen Körper hinein, und du wirst wissen, was du essen solltest. Im Zweifelsfalle ist leichte Kost Schwerverdaulichem vorzuziehen.

Wahrscheinlich – es ist wie in einer Schwangerschaft – hast du Appetit auf außergewöhnliche Dinge, die oft nicht zusammenpassen. Höre auf dich, dein Körper weiß, was gut für dich ist. Eigentlich ist dieser Prozess wirklich wie eine Schwangerschaft zu verstehen. Es entsteht neues Leben, es ist ein Wachstumsprozess und ein Prozess der Umwandlung.

Frieden, Geduld, Gelassenheit und Vertrauen in GOTT sind Helfer in diesen Zeiten. Vielleicht hast du in deinem Umfeld auch jemanden, der diese Symptome kennt und mit dem du Erfahrungen austauschen kannst. Die besten Mittel zur Unterstützung sind die Meditation und das Gebet. Kontakt zu den anderen Ebenen des Seins geben Kraft und lassen dich verstehen.

Halte dir *dein Ziel* immer wieder vor Augen:

Ich möchte mich entwickeln.
Ich möchte in den Aufstiegsprozess hineingehen.
Ich möchte die Erde bei ihrem wundervollen
Prozess unterstützen,
denn es ist auch meiner.

Es werden viele Menschen um dich herum sein, die nicht verstehen, was du tust und warum du es tust. Das darf dich nicht hindern, weiter geradeaus zu schauen und voranzuschreiten. Es ist ein wunderbarer Weg. Er ist beleuchtet vom Licht GOTTES. GOTT geleitet dich und wünscht sich von jedem seiner Schafe, dass es irgendwann wieder in den Stall zurückkommt.

Ich fasse zusammen: Dein Lichtkörperprozess ist die Entwicklung deiner Seele und deines Körpers in Richtung Licht, in Richtung GOTT. Es ist der Weg deiner Vervollkommnung. Dieser Prozess findet hauptsächlich im geistigen Bereich statt. Da der Mensch diesen irdischen Körper zum Aufstieg nicht verlässt, da dieser weiterhin das Gefährt des Menschen bleibt, erfährt der physische Körper eine Umarbeitung. Er wird an den Lichtprozess angepasst. Er wird so verlichtet und transparenter, dass er mit den neuen hohen Schwingungen der Erde konform geht. Dafür ist diese Umarbeitung notwendig.

In dieser intensiven Zeit kann es auch sein, dass du merkst, dass du die Aura anderer Menschen erkennen kannst. Du siehst auch teilweise plötzlich helle Lichtstrukturen, die du früher nicht sehen konntest. Es sind geistige Bereiche, die dein sensibilisiertes Auge nun wahrnimmt. Vor dem Einschlafen bemerkst du vielleicht sonderbare Muster vor deinem inneren Auge. Es sind Symbole und Teile einer Lichtsprache, die dein irdischer Körper langsam wahrnimmt. Lass dich nicht beunruhigen. Bleibe ganz ruhig. Vertraue uns. Es wird alles so zu dir kommen, wie du es körperlich und psychisch verträgst. Wir werden dich nicht

110

überfordern. Das ist nicht im Sinne der Göttlichkeit. Nimm all die sonderbaren Attribute dieser Entwicklung gelassen hin, gönne dir Ruhepausen und verbringe viel Zeit mit dir allein. Alle deine Fragen stelle deinen Geistführern oder deinem Höheren Selbst. Sie wissen immer eine Antwort. Alle Antworten werden so sein, wie sie für dich angemessen sind. Wenn du eine Frage vielleicht später, noch einmal anders, weiter entwickelt, stellst, wird die Antwort umfassender sein oder andere Fassetten beleuchten. Du bekommst die Antworten deinem Entwicklungsstand entsprechend.

Nun lass diese Arbeit der vielen geistigen Helfer an dir geschehen und lehne dich zurück, entspanne und wisse:

Es ist alles im Sinne von GOTT, und da du ein Teil von GOTT bist, ist es auch in deinem Sinne, was nun Wundervolles mit dir geschieht.

Fragen und Antworten

FRAGE:

Lieber Kryon, du sagst, in der Neuen Energie gibt es einen Geistführerwechsel. Zwei neue Helfer, die jetzt für unsere Entwicklung angemessen sind, stehen uns zur Seite. Meine Frage ist: Wie lange bleiben diese Helfer? Sind sie für immer da, oder gehen sie wieder zu einem bestimmten Zeitpunkt?

ANTWORT:

Die neuen Geistführer, die dich jetzt in der Energie begleiten, sind sozusagen Entwicklungshelfer. Das ist ein wunderbares Wort, Entwicklungshelfer, so will ich sie mal nennen. Es sind die, die euch behilflich sind, ganz in eure Kraft hineinzukommen, die euch begleiten auf den Weg in die Meisterschaft. Sie sind so lange an eurer Seite, wie sie es für notwendig halten. Sie helfen euch auch, in die Verbindung eures Höheren Selbst hineinzukommen. Ihr wisst ja, das Höhere Selbst ist ein Teil aus der QUELLE. Diesen Kontakt zu bekommen und zu pflegen, ist sehr wichtig. Es ist der Teil von GOTT in euch. Und wenn ihr mit euren göttlichen Funken inniglich verbunden seid, haben die Helfer größtenteils ihre Aufgabe erfüllt und werden zurücktreten. Bis dahin stehen sie zur Beantwortung aller Fragen zur Verfügung. Sie werden euch bei den Entwicklungsschritten behilflich sein und stehen euch immer mit Rat und Tat zur Seite. Sie betreuen natürlich auch individuell den Aufstiegsprozess. Diese zwei Helfer sind ständig zur Stelle. Zur spezifischen Betreuung gesellen sich zeitweilig auch andere Helfer dazu, passend zu deinem jeweiligen Entwicklungsschritt. Zum Beispiel ist der *Meister St. Germain* an deiner Seite, oder *Lady Amethyst*, wenn du in einer extremen Reinigungsphase bist. Wenn dein Hauptthema heißt: Komme in deine Kraft, habe Mut weiterzugehen, dann könnte der *Meister El Morya* eine zeitlang bei dir sein.

Bist du dabei, dein Herz zu öffnen, betreut dich vielleicht *Mutter Maria* oder *Lady Nada*. Für jeden Bereich deiner Entwicklung sind für einige Zeit entsprechende Meister an deiner Seite. Diese Meister stehen oft im Dienst der zwölf göttlichen Strahlen. Seit Anbeginn aller Zeit werden göttliche Strahlen zu den Menschen gesandt, die auf der kausalen Ebene gespeichert sind und passend weitergeleitet werden. Es waren sieben Strahlen, mit unterschiedlichen Aspekten und dementsprechenden Farben, Düften und Tönen, die aus der Quelle zu euch kamen. Seit circa 25 Jahren – passend für die neue Erdenzeit – ist die Zahl der Strahlen auf zwölf erhöht worden. Diese Strahlen stehen euch jederzeit zur Unterstützung eurer Entwicklung zur Verfügung. (Buchempfehlung: Claire Avalon »*12 göttliche Strahlen*«, Smaragd-Verlag)

Frage:
Lieber Kryon, ich bin eine Energiearbeiterin. Muss ich mich in der Neuen Energie in meiner Praxis noch schützen, wenn

*Patienten zu mir kommen und anstrengende Energien mit-
bringen? Außerdem fühle ich, dass manche Menschen, die zu
mir kommen, mir Energie nehmen. Ich fühle mich hinterher
immer so ausgelaugt. Was kann ich tun?*

ANTWORT:

Du bist ein Lichtarbeiter, und ein Lichtarbeiter ist immer
in seiner vollen Präsenz, steht immer im Licht, das ist
ein Attribut der Neuen Energie. Deshalb brauchst du dich
nicht mehr zu schützen. Wenn du aber trotzdem merkst,
dass die Energien des anderen, der kommt, sehr stark
und intensiv sind, sich negativ anfühlen, dann bitte doch
nach der Behandlung den *Meister St. Germain* (Hüter des
siebten göttlichen Strahles, dem Strahl der Reinigung und
Transformation), er möge dein Feld klären, er möge auch
deinen Raum klären und reinigen. Das wird er tun, das tut
er gerne, das gehört zu seinem Dienst.

Wenn du wiederum merkst, dass andere Menschen dir
Energie nehmen, dann ist das ein ganz natürlicher Prozess. Du bist ja in der Neuen Energie, das heißt, du strahlst
für Menschen, auch wenn es nicht sichtbar ist, eine starke
Kraft aus, eine starke Energie. Es ist dein ureigenstes Licht,
das nun immer mehr präsent wird, das immer mehr nach
außen tritt. Menschen sind gerne in deiner Nähe. Menschen fühlen gerne deine Energie und möchten von dieser
Energie etwas abhaben. Auch das gehört zum Prozess. Sie
tun es nicht wissentlich, sie fühlen sich einfach nur wohl
und geborgen und ziehen etwas von der Energie ab, die du
in großer Menge hast.

Damit du nun aber nicht energielos bist, empfehle ich
dir, dich bei Energieverlust bewusst in das göttliche Licht

einzuhüllen. Stell dir mit deinem inneren Auge vor, du stehst in einer großen Lichtkugel. Diese Lichtkugel wird sich automatisch immer wieder anfüllen, wenn du dich da hineinvisualisierst. Dann bist du immer in deiner vollen Kraft. Zusätzlich empfehle ich dir die Prana-Atmung. Sie ist vielen von euch durch Yoga bekannt. (Im Anhang des Buches ist die Prana-Atmung noch einmal beschrieben.) Gehe bei Energiemangel ganz intensiv in diese Prana-Atmung hinein. Atme drei bis viermal mal tief in dich hinein, und du wirst merken, dass dein Körper sich sofort mit Licht und Energie füllt.

Diese Atmung ist auch mit einem wunderschönen Gefühl begleitet. Meine Partnerin beschreibt es immer, es sei, wie auf einer Wolke zu schweben. Mit diesen beiden Übungen kannst du dein Energiefeld jederzeit stabilisieren.

FRAGE:
Lieber Kryon, kann ich mir meinen passenden Partner co-kreieren?

ANTWORT:
Liebe Freunde, ich weiß, dass diese Frage für viele von euch eine brennende Frage ist. In vielen Channelings wird sie immer wieder gestellt. Den passenden Lebenspartner zu kreieren, ist eine sehr verantwortungsvolle und auch nicht leichte Aufgabe. Es ist nicht zu vergleichen mit einer Sache wie: Ich brauche eine neue Wohnung, ich möchte gerne meine Arbeit verändern und in meine Berufung hineingehen. Das sind Dinge, die eigentlich fast mit dir allein etwas zu tun haben, obwohl andere Menschen daran

beteiligt sind. Bei einem passenden Partner, mit dem du dein Leben verbringen möchtest, ist es eine andere Situation. Da ist ein Wesen im Spiel, das eine Verantwortung hat für sein Leben und für seine ureigene Entwicklung.

Es kann durchaus sein, dass du schon so weit bist, den passenden Partner in dein Leben hineinbitten zu können. Es kann aber sein, dass der andere, nämlich der Partner, den du dir ersehnst, noch nicht so weit ist. Das heißt, er hat sein Energiefeld, sein Magnetfeld noch nicht so ausgerichtet, dass er zu dir passt. Denn bedenke, den passenden Partner zu finden bedeutet, dass das Magnetfeld sich bei dir so verändert hat, dass du diesen Partner anziehst. Das heißt, ihr passt zusammen wie zwei Teile in einem Puzzle. Vorweg hast du natürlich vieles getan, um dich passend zu machen. Du hast deine vielen Muster geklärt und andere Dinge in Reih und Glied gebracht. Du stehst jetzt sozusagen parat und wartest. Es kann aber sein, dass der andere noch ein wenig Zeit braucht. Deswegen ist eine Co-Kreation für einen passenden Partner keine ganz einfache Sache. Du solltest mit deinem Höheren Selbst und mit deinen Geistführern ausführlich darüber sprechen, ob es an der Zeit ist und was zu tun ist, um diesen Vorgang ein bisschen zu beschleunigen. Ich kann euch hier keine allgemein gültige Antwort geben. Jeder Fall ist spezifisch zu betrachten.

FRAGE:
Lieber Kryon, ich bin in der Neuen Energie, und ich bin jetzt auch in diesem Umwandlungsprozess, den du immer beschreibst. Das spüre ich, aber wie kann ich unterscheiden,

*wenn ich Wehwehchen habe, ob es der Prozess ist oder eine
wirkliche Krankheit?*

ANTWORT:
Natürlich ist ein Mensch, der in der Neuen Energie ist,
nicht vollkommen von Krankheiten befreit. Das hat etwas
mit deiner eigentlichen Seelenentwicklung zu tun, ob du
diesen Weg beschreitest, den du gehen solltest, oder ob du
manchmal einen kleinen Umweg nimmst. Dann kommt
natürlich noch mal eine Krankheit zu dir oder lässt dich
nicht los. Du hast manchmal einen Schnupfen, weil du
verschnupft bist, oder du hüstelst, weil vielleicht in deiner
Brust im wahrsten Sinne des Wortes etwas festsitzt; der
Atem kommt nicht richtig durch. Das ist durchaus möglich.

Aber generell kannst du davon ausgehen, dass, wenn du
im Prozess bist, wie du es beschreibst, all deine Wehwehchen damit zusammenhängen, dass die Geistige Welt an
dir arbeitet. Wie ich schon oft beschrieb, sind Heerscharen
von »medizinischen« Helfern dabei, deinen ganzen Körper umzuarbeiten. Wenn du doch befürchtest, von einer
sogenannten Krankheit befallen zu sein, dann geh in dein
Gefühl hinein und prüfe selbst: Fühlt es sich wie eine
Krankheit an, oder mehr nach Umarbeitung? Du wirst
immer mehr auf dein Gefühl »hören« und wirst spüren,
dass deine Intuition dir mitteilt, was wirklich los ist. Du
kannst auch Kontakt zu deinen Geistführern halten und
sie fragen. Sie werden dir mitteilen, ob es sich um einen
Infekt oder um irgendeine Sache handelt, die nichts mit
der Umarbeitung zu tun hat. Dann kannst du zu heilerischen Methoden und vielleicht homöopathischen Mit-

teln greifen, die den Heilungsprozess unterstützen oder die Unausgeglichenheit ausleiten. Lass dich gerne fachlich beraten. Und schau auch mal, welche Begebenheit gerade in dein Leben eingetreten oder nicht eingetreten ist, dass diese Krankheit aktiv werden musste.

FRAGE:

Lieber Kryon, ich fühle immer mehr das Bedürfnis, allein zu sein. Mein Partner kann das nicht verstehen und denkt, es hängt mit ihm zusammen. Es macht mir einfach Freude, nur so zu sein. Manchmal meditiere ich, manchmal bin ich einfach nur. Ist das normal?

ANTWORT:

Du musst dir keine Sorgen machen, es gehört zu deinem Entwicklungsprozess, dass du das Gefühl hast, du möchtest gerne immer mehr mit dir allein sein. Eigentlich ist das eine wunderbare Sache, denn es fördert das Ziel in der Neuen Zeit, dich immer mehr mit dir selbst zu vereinen, dich immer mehr kennenzulernen, zu wissen, wer du bist. Und das geschieht nur, wenn der Mensch mit sich allein ist. Dein Partner ist vielleicht ein bisschen traurig darüber. Versuche ihm zu erklären, was mit dir geschieht. Wenn er es nicht verstehen kann oder möchte, bitte ihn einfach, er möge dir vertrauen. Es ist wirklich empfehlenswert, sich so oft wie möglich zurückzuziehen, zu meditieren oder einfach nur einmal in sich hineinzuhorchen und zu erkunden: Was geschieht mit mir, was geschieht, wenn ich atme? Schaue auf die Bilder, horche auch, ob du vielleicht Botschaften bekommst. Setze dich immer mehr mit dir selbst auseinander. Es ist ein großes Abenteuer, sich selbst zu entdecken, und du solltest es mit Freude genießen.

FRAGE:

Lieber Kryon, ich bin in psychotherapeutischer Behandlung, ich habe aber oft das Gefühl, dass die Behandlungsmethoden meines Psychotherapeuten »alte Energie« sind. Kannst du mir erklären, ob es diesbezüglich auch Veränderungen in der Neuen Energie gibt?

ANTWORT:

Alle Menschen, die sich mit diesem Beruf auseinandersetzen, sind geehrte Wesen. Es ist wundervoll, anderen Menschen dienlich zu sein, sich selbst zu finden und sich selbst zu erkennen. Die psychotherapeutische Arbeit ist gewachsen. Denkt einmal hundert Jahre zurück. Überlegt mal: Wie waren die Anfänge, was ist da geschehen, was wurde entdeckt, wie hat man sich mit diesen Dingen auseinandergesetzt? Das könnt ihr auch in Dokumenten von anderen geschichtlichen Epochen nachlesen. Schaut bei den alten Griechen nach, wie man dort mit diesem Thema umgegangen ist. Es lohnt sich, diese Themen auch von der philosophischen Seite aus zu betrachten. Rein »wissenschaftlich« zu arbeiten, lässt die göttliche Komponente vollkommen außen vor. In der Neuen Energie ist es ratsam, die Art und Weise der psychologischen und therapeutischen Arbeit zu überprüfen. Vieles von dem, was noch gelehrt oder angewandt wird, ist alte Energie. Durch die Richtung des Magnetgitters und den Kontakt zur Geistigen Welt können interessante Erkenntnisse kommen, die die Einstellung zur Arbeit ziemlich verändern. Es ist durchaus möglich, durch diesen Kontakt die psychischen Probleme der Patienten klar und einfach aufzulösen. Auch schwierige Fälle, wie ihr sie nennen würdet, haben die Möglichkeit, durch die Neue Energie Heilung zu erfahren. Bedenkt, dass viele psychische Störungen karmischer Art sind. Die daraus resultierenden Störungen gehen in der Neuen Energie sowieso.

Die Art und Weise der psychologischen Arbeit ist reformbedürftig. Hier sei mir die Bemerkung erlaubt: Was glaubt ihr, wie viele Menschen in geschlossenen Anstalten untergebracht sind, die nicht »verrückt« sind? Sie hören lediglich Stimmen, die zu hören wir euch heute auffordern!

Wenn eure Therapeuten sich nun mit uns verbinden, werden sie angeleitet und geführt in ihrer Arbeit. Das empfehle ich nicht nur Therapeuten, sondern auch Heilpraktikern und anderen Menschen, die helfend arbeiten. Eine Verbindung zur Geistigen Welt ist wundervoll (sie ist *wirklich* voller Wunder), denn wir wissen, was dem Menschen fehlt. Wir sehen euch ganzheitlich. Und solange ihr auf der Erde seid, in der Dualität, ist es euch nicht möglich, allumfassend zu erkennen, was Menschen krank macht, was ihnen fehlt, wie der Heilungsprozess einzuleiten ist. Und was zu tun ist, um den Menschen wieder ins Gleichgewicht zu bringen.

Unterhalte du dich offen und ehrlich mit deinem Therapeuten und erkläre deine Einstellung. Befrage ihn, wie er arbeitet, und schau dich im Zweifelsfalle nach einem anderen Therapeuten um.

Bedenke außerdem, dass letztlich und endlich deine Heilung von *dir* abhängt. *Du gibst das Ja zur Heilung.* Die geehrten Therapeuten, Mediziner, Heilpraktiker sind »nur« deine Helfer.

FRAGE:
Lieber Kryon, die Prana-Atmung, die auch du empfiehlst, ist in vielen alten Yoga-Systemen schon enthalten. Ist diese Atmung ein Werkzeug der alten wie der Neuen Energie?

ANTWORT:
Die Prana-Übung ist uraltes Wissen. Schon die Alten jeglicher hoher Zivilisationen haben gewusst, wie wichtig diese Atmung ist, um sich mehr mit der Göttlichkeit, mit dem Höheren Selbst, zu vereinigen. In der Neuen Energie, durch die Richtung des Magnetgitters, ist es leichter, in diese Atmung hineinzukommen. Sie ist gleichzeitig effektiver durch die Ausdehnung und Angleichung deines eigenen Gitters an das Magnetgitter. Du kommst leichter und schneller an diese Energie heran. Wir sprechen hier von der *einen* Energie, von der Energie aus der QUELLE. Dieses kraftspendende Elixier kann durch die Neue Energie effektiver in dich hineinströmen. Früher mussten die Menschen viel üben, um diese Atmung effizient nutzen zu können. Heute genügt eine Absichtserklärung, diese wundervollen Attribute zur Weiterentwicklung anzufordern. Und schon – fast wie Simsalabim – wird dieses Attribut zu eurem beständigen Helfer.

FRAGE:

Lieber Kryon, es heißt, unser Planet Erde sei ein Experiment, und der Aufstieg, der diesem Planeten bevorsteht, wäre einzigartig. Viele andere Wesen kommen aus anderen Galaxien und sehen zu. Auf der anderen Seite werden wir als Nachzüglerplanet bezeichnet, bei dem es nicht sicher war, ob er den Aufstieg schaffen würde. Wie ist das zu verstehen?

ANTWORT:

Der Planet Erde befindet sich in einem dualen Universum. Das heißt, hier lernt ihr über die Polarität mit Gut und Böse, Hell und Dunkel und so weiter. Die Planeten um euch herum, so stellen eure Wissenschaftler fest, sind ohne Leben. Weit gefehlt, auch diese Planeten sind ebenso mit Leben erfüllt, nur nicht mehr in der Dritten Dimension. Dort leben Wesen in der Vierten oder Fünften Dimension. Einige von diesen Planeten sind einen anderen Weg gegangen, einige haben ihren Aufstieg schon geschafft. Das bedeutet, diese Planeten sind ebenso mit Leben besiedelt wie dieser Planet. Vielleicht auf eine andere Art und Weise. Es waren auf diesen Planeten teilweise Seelen, die von ihrer Reife her einen Aufstieg nicht mitmachen konnten. Sie verließen ihren Planeten und sind zum Teil auf der Erde inkarniert. Ich habe dieses ganz bewusst sehr einfach formuliert. Deshalb sprechen wir manchmal von der Erde als Nachzüglerplanet, ohne dabei in eine Wertigkeit zu gehen. Und dieser Planet Erde hat noch eine Besonderheit: Er ist der Planet der tiefsten Materie. Deshalb betonen wir auch immer wieder, wie geehrt alle Seelen sind, die hier inkarnieren.

Hier kann man Materie so tief erfahren, wie auf keinem anderen Planeten. Deshalb ist dieser Planet so etwas Außergewöhnliches. Dieser Planet steigt nun auf. Das ist etwas ganz Besonderes. Und da kommen zur Ehrung des Wesens Mutter Erde und der gesamten Menschheit viele Bewohner von anderen Planeten, von anderen Galaxien und schauen euch dabei zu und beobachten, was hier *Wundervolles* geschieht.

Diese Erde verändert sich, und Seelen, die hier keine Erfahrungen mehr sammeln können, werden auf anderen Planeten weiter lernen. Es geht keine Seele in unserem Universum verloren.

FRAGE:

Lieber Kryon, wie kann ich wissen, ob die Botschaften, die ich von meinem Geistführer oder von meinem Höheren Selbst empfange, korrekt sind?

ANTWORT:

Die Richtung des Magnetgitters gibt euch die Möglichkeit, immer mehr mit uns in Verbindung zu sein, und es ist auch im Entwicklungsplan enthalten, dass unsere Botschaften immer klarer für euch zu empfangen sind. Wir richten für euch, wenn ihr in der Neuen Energie seid, euren Kanal. Wir richten ihn aus, wir reinigen und klären ihn. Das übernehmen viele der galaktischen Helfer mit viel Eifer und Freude. Denn es ist etwas ganz Besonderes.

Es ist für jeden von euch möglich, diesen Kontakt zu bekommen. Wir bitten euch in der Meditation, euch immer ganz auf euer Herz zu konzentrieren. Versucht einfach euch vorzustellen, es ist ein Kristall in eurem Herzen. Und wann immer ihr merkt, dass sich in der Meditation oder in dem Kontakt und in der Kommunikation mit uns euer Kopf einschaltet, geht mit dem Bewusstsein in das Herz hinein. Fühlt einfach, ob sich euch die Botschaft wirklich aus dem Herzen offenbart. Wenn ja, dann könnt ihr sicher sein, dass die Botschaft nicht aus eurem Verstand kommt, sondern von euren Geistführen oder eurem Höheren Selbst. Es bedarf einfach ein wenig Übung. Du wirst spüren, wenn du ganz offen und klar bist und in deinem Herzen bleibst, wann sich dein Verstand einschaltet. Es fühlt sich anders an, es fehlt die innige Liebe. Bitte probiere immer wieder. Auch hier macht die Übung den Meister. Es ist auch empfehlenswert, ein sich wiederholendes Ritual am Anfang deiner Kommunikation zu benutzen, verbunden mit einem Gebet. Vielleicht möchtest du vorher auch einige Minuten tönen. Beschäftige dich mit der Kraft des Tönens. Es ist eine göttliche Kraft. Später, wenn du mehr Übung hast, wirst du dich schnell in die Verbindung einklinken können. Noch später wirst du spüren, dass die Verbindung immer da ist. Du kannst sicher sein, wir sind sehr daran interessiert, dass diese Verbindung zwischen uns stabil wird. Deshalb bekommst du jede Unterstützung von uns.

FRAGE:
Lieber Kryon, ist es heute, in der Neuen Energie, noch notwendig, sich die alten Inkarnationen, die man auflösen möchte, anzuschauen oder werden sie automatisch von unseren geistigen Helfern gelöscht?

ANTWORT:

Ich sprach schon oft darüber, dass mit der Anforderung der Neuen Energie das Karma von dir geht, es wird gelöscht. Was bleibt, sind alte Muster. Manchmal wird die Geistige Welt, wenn du um Auflösung bittest, dir in der Meditation noch Muster aus alter Zeit vor deinem geistigen Auge zeigen. Besonders, wenn du als Heiler tätig bist, wird man dir zeigen, wo noch deine Stolpersteine liegen. Vielleicht kommst du nicht in deine Kraft, weil du früher für deine Heilarbeit getötet wurdest. Oft ist es nicht mehr notwendig, sich diese Dinge anzuschauen. Das hat mit den höheren Schwingungen der Erde zu tun. Die Erde entwickelt sich weiter, sie geht in eine andere Dimension; und so ist es auch für uns leichter, mit euch effektiver zu arbeiten. Durch die erhöhten Schwingungen können wir euch leichter und einfacher von alten Mustern befreien. Und die alten Erfahrungen, die ihr kennen solltet, weil sie für euren Dienst von Wichtigkeit sind, wird man euch vor eurem geistigen Auge zeigen. Vertraut euren geistigen Führern und eurem Höheren Selbst.

Ich möchte in diesem Zusammenhang noch einmal betonen, dass es nicht Sinn der neuen guten geistigen Verbindung ist, ständig in alten Leben zu forschen. Du solltest die Zeit nutzen, im Jetzt zu sein und dein Leben *jetzt* in die Hand nehmen und es so leben, wie du es für richtig hältst. Alte Leben anzuschauen macht nur Sinn, wenn du daraus Profit für dein neues Leben ziehen kannst. Nicht, um anderen stolz zu sagen: »Ich war einmal die Königin von Saba.« Es sei denn, es ist in deinem Lebensplan enthalten, die Qualitäten der Königin von Saba jetzt wieder zu integrieren und für das Allgemeinwohl zu verwenden.

FRAGE:

Lieber Kryon, ich wohne hier oben im Norden von Deutschland. Muss ich mir Sorgen machen, dass auch hier das Wasser höher steigt? Ist auch hier mit Flutkatastrophen und Ähnlichem zu rechnen?

ANTWORT:

Die Erde verändert sich. Selbstverständlich wird es Unregelmäßigkeiten der Elemente geben. Das Wasser, die Luft, das Feuer werden der Erde helfen, sich zu transformieren. Ihr habt ja gehört, gefühlt und gesehen, was mit der Erde geschieht. Ich sprach vor langer Zeit eine Empfehlung aus, die galt für Amerika, aber die kann man auch für andere Gebiete der Erde übersetzen. Es ist durchaus sinnvoll, sich in nördlichen Bereichen aufzuhalten. Ich werde euch keine Einzelheiten diesbezüglich voraussagen, das ist nicht mein Dienst. Wenn es zu deinem Vertrag gehört, dass du die Erde durch so eine Umweltkatastrophe verlassen sollst, dann wird es so geschehen. Wenn es nicht zu deinem Vertrag gehört, wirst du nicht an diesen Orten sein, wo transformierende Dinge geschehen. Erkenne die Zusammenhänge. In einem der letzteren Channelings gab ich bekannt, dass der Mensch, der sich dazu aufgerufen fühlt, in Zusammenarbeit mit der Mutter Erde aktiv werden kann, diesen Transformationsprozess zu unterstützen. Deine Arbeit besteht aus Folgendem: Es gibt die Möglichkeit, durch dein Bewusstsein die notwendigen Erdverschiebungen zur Transformation der Erde so zu verändern, dass diese in Gebieten stattfinden, wo sich nicht so viele Menschen aufhalten.

Verstehe, lieber Mensch, wie das gemeint ist, denke darüber nach! Durch dein Bewusstsein und deine Liebe ist es durchaus möglich, in Zusammenarbeit mit der Erde die Transformation nicht zu verhindern, aber zu lenken. Wenn du dich also angesprochen fühlst, dann versuche, Kontakt mit der Mutter Erde aufzunehmen und mit der Kraft deines Bewusstseins Hilfe zu schicken. Du wirst wissen, wenn du dich angesprochen fühlst, wie das zu verstehen ist. Ansonsten seid sicher, dass ihr als Lichtarbeiter immer da seid, wo ihr sein sollt. Ihr seid immer am richtigen Platz!

FRAGE:

Lieber Kryon, es wird darüber gesprochen, dass die Erde nicht unter guter Beeinflussung stünde. Ich spreche hier von Außerirdischen. Gibt es welche, die nicht im Sinne des einen GOTTES sind? Gibt es dann Dualität auch außerhalb unseres Planeten? Duldet GOTT diese Existenz?

ANTWORT:

Ihr seid hier im Universum der Dualität, darüber sprach ich schon. Die Erde ist der Planet der tiefsten Materie. Hier werden über die Polarität, über Gut und Böse und so weiter Erfahrungen gesammelt. Hier macht ihr Lernerfahrungen, hier erhöht ihr eure Schwingung. Damit erhöhen sich die Schwingungen der Erde und die Schwingung des Universums.

Es gibt in diesem Universum natürlich andere Planeten, die auch ihre Lernerfahrungen in der Dualität sammeln. In irgendeiner Form arbeiten alle Wesen, Bewusstseinseinheiten und Planeten zusammen, und letztlich und endlich kommt alles aus der QUELLE, alles kommt von GOTT.

127

Die, die zurzeit nicht auf der sogenannten »guten Seite« kämpfen, kommen natürlich auch von GOTT, sind aber zurzeit nicht im Licht. Sie werden sich aber irgendwann wieder ins Licht entwickeln. Erkenne also, alles kommt aus der Liebe, aus der QUELLE, sammelt hier in der Polarität Lernerfahrungen und entwickelt sich dann durch diese Lernerfahrungen wieder zurück ins Licht, und geht dann irgendwann zurück zur QUELLE. Alles ist, wenn auch für dich vielleicht schwer verständlich, im Sinne des EINEN.

Es ist korrekt, dass es vor langer Zeit zu einer Besetzung der Erde kam, von Wesen, die nicht im Licht stehen. Viele von euren geschichtlichen Ereignissen werdet ihr irgendwann in einem ganz anderen Licht sehen. Seid versichert, dass diese dunkle Episode der Erde dem Ende entgegengeht. Auch die Wesen, die noch dunklere Fäden in der Hand haben, werden die Erde verlassen. Versteht, wie wichtig es ist, dass *ihr* jetzt die Fäden in die Hand nehmt. Geht in die Eigenverantwortung. Keine andere Seele hat das Recht, euch zu sagen, was ihr zu tun habt. Erkennt die Zusammenhänge!

Selbstverständlich seid ihr nicht allein im Universum. In unmittelbarer Nähe der Erde halten sich Raumschiffe auf, die euch in Liebe beobachten und darauf warten, Kontakt zu euch aufzunehmen. Es sind Wesen von verschiedenen Planeten, die weiter entwickelt sind als ihr es hier auf der Erde seid. In zweierlei Bereichen: Sie sind in vollkommener Liebe zu »*Allem-was-ist*« und sind euch technisch weit überlegen.

Außerdem sorgen sie dafür, dass weitestgehend keine Wesen in dieser brisanten Zeit der Erde zu euch durchdringen, die nicht im Licht stehen. Habt Vertrauen. Unsere Bitte an die Hohen eurer Regierungen, euch doch endlich die »Ufo-Archive« zu öffnen, damit euch ein baldiger Besuch nicht verunsichert, sind leider bis jetzt nicht erhört worden.

FRAGE:

Lieber Kryon, ich stelle fest, dass es immer mehr Menschen gibt, die channeln, die Botschaften aus der Geistigen Welt empfangen und an andere Menschen weitergeben. Ich bin etwas erstaunt darüber. Ist es möglich?

ANTWORT:

Ich erklärte schon, das Magnetgitter ist gerichtet, der Schleier ist gelüftet, und der Kontakt zur Geistigen Welt ist möglich. Viele Menschen sind nun dabei, sich mit der Geistigen Welt zu verbinden. Das ist auch in unserem Sinne. Es ist in unserem Sinne, dass jeder Mensch Botschaften empfängt, um sich weiterzuentwickeln. Diese Botschaften sind in den meisten Fällen für diese Menschen selbst bestimmt. Es ist nicht schwer, seinen Kanal zu öffnen, schwerer ist es, ihn zu halten. Es bedarf allerdings eines längeren Probierens, die Botschaften *klar und deutlich* zu empfangen. Das bedeutet, ohne ständiges Üben ist kein guter Empfang möglich. Mit der Willensbezeugung, diesen Weg des Kontaktes zu beschreiten, wird die Geistige Welt auch mitarbeiten, dass der Kanal immer stabiler und klarer wird.

Wenn man die Botschaften an andere Menschen weitergeben möchte, sollte das schon mit deinem Höheren

129

Selbst abgestimmt sein. Ist diese Aufgabe in deinem Vertrag enthalten?

Selbstverständlich bestimmst du, was in deinem Leben geschieht, aber diese doch sehr wichtige Entscheidung sollte schon auf höherer Ebene geklärt werden. Es ist ein Unterschied, ob du die Botschaften für den Eigenbedarf verwendest, also ganz damit in deiner Verantwortung bist, oder ob du diese Botschaften anderen Menschen weitergibst. Wenn du andere an diesem Wissen teilhaben lassen möchtest, wäre zu klären, ob dies von der Geistigen Welt gewünscht ist. Vielleicht sind diese Worte nur für *dich* bestimmt.

Eigenmächtig so etwas zu tun, ohne geistige Unterstützung, ist nicht empfehlenswert. Wir wissen, ob du in der Lage bist, diese Botschaften *korrekt* weiterzugeben oder nicht. Wenn du die Botschaften für dich verwendest, ist es deine eigene Verantwortlichkeit. Wenn du sie aber an andere weitergibst, übernimmst du damit eine große Verantwortung. Viele Menschen werden diese Worte als wahr empfinden und vielleicht ihr Leben danach ausrichten. Kannst du das verantworten? Es ist natürlich so, dass jeder Mensch seine Eigenverantwortung hat, und jeder Mensch, der von dir gechanneltes Wissen empfängt, sollte diese auch mit seinem Herzen prüfen. Das tun viele Menschen allerdings nicht. Sie nehmen diese Botschaften offenen Herzens als korrekt an. Es gehört selbstverständlich auch zu ihrem Weg, herauszubekommen: Sind die Botschaften, die ich bekam, korrekt, sind sie in Liebe? Es ist dann ihre Entscheidung, was sie mit diesem Wissen machen wollen. Jeder Mensch ist aufgerufen, all das, was durch gechannelte Botschaften an ihn herangetragen wird, in welcher Form auch immer, zu prüfen. Nur das entlastet dich nicht, wenn du, fast wissentlich, unreine Botschaften weiter vermittelst, auch wenn es nicht in »böser« Absicht geschieht.

Medien, Channel, die autorisiert sind, Botschaften an andere Menschen weiterzugeben, werden einer intensiven Schulung unterzogen. Das geschieht nicht im irdischen Bereich, sondern durch uns. Wir bereiten unsere autorisierten Channel ausführlich und präzise auf ihre Aufgabe vor, zum Teil schon in der Kindheit. Manchmal werden diese Medien auch von irdischen Meistern unterstützt; das ist allerdings selten der Fall. Diese Ausbildung jetzt näher zu erklären, würde hier zu weit führen. Sei sicher, dass die Channel, die ausgebildet sind, auch die Botschaften zu einem großen Teil korrekt weitergeben. Wenn ein Medium nicht in Trance ist, was in der heutigen Zeit nicht mehr notwendig ist, weil die Anbindung zu GOTT eine sehr starke ist, dann ist das Medium natürlich nie ganz hundertprozentig authentisch. Kein Medium, das nicht in Trance ist, kann hundertprozentige, klare Botschaften weitergeben. Es ist, wenn man das in Prozenten ausdrücken würde, keine 100-prozentige Sicherheit gegeben, dass der Text so übertragen wird, wie wir ihn als Gedankenstrom geben. Aber wir können bei einem ausgebildeten, klaren Kanal von 98 bis 99 Prozent ausgehen.

Wichtig ist, dass der Kanal sich nicht auf die *Konzentration* konzentriert, sondern einfach loslässt und seinem »Chef«, in diesem Falle bin ich es, völlig das Terrain überlässt. Wenn meine Partnerin meine Worte empfängt und ausspricht, ist der Verstand ausgeschaltet. Sie ist frei im Kopf. Sie lässt sich entspannt fallen und gibt alles getreu weiter, was ich als Gedankenstrom in sie hineingebe. Sie verlässt sich ganz auf mich. Wenn der Verstand sich einschaltet, kommt meist ein Versprecher dabei heraus. Ein Channel darf sich nicht ablenken lassen. Sonst kann es passieren, dass Worte eigenmächtig hinzukommen, die eventuell den Sinn des Empfangenen verändern. Diese kleine Differenz entsteht auch durch die eigenen Worte des Mediums. Sie wird die Worte verwenden, die sie täglich benutzt. Es sei denn, es handelt sich um einen Fachbericht. Wenn ich beispielsweise über Physik spreche, runzeln manche meiner Partner die Stirn, weil ihnen die Worte fremd sind. Sie werden sie aber trotzdem aussprechen. Da spielt das Vertrauen eine große Rolle.

Generell ist der Vertrag so zu interpretieren, dass wir uns Medien aussuchen, die von jedem in ihrer Wortwahl, in ihrer Art und Weise, die Gedankenströme umzusetzen, zu verstehen sind. Das Verarbeiten der Botschaften wird auf geistiger Ebene eingeleitet.

Wir arbeiten natürlich auch mit Wissenschaftlern zusammen, denen wir offensichtlich oder indirekt Botschaften geben, die für ihre Arbeit interessant und effizient sind.

Das ist dann auch eine Eins-zu-Eins-Verbindung.

Zusammenfassend möchte ich sagen: Prüft intensiv, ob ihr berufen seid, als Medium zu dienen. Ich sage euch, es sind sehr viel weniger, als es den Anschein hat. Was kannst du tun, um zu erkennen, ob etwas korrekt ist, was weitergegeben wird? Frage dein Herz. Und richte dein Leben nicht nach gechannelten Botschaften aus. Nutze die Informationen, die sich gut anfühlen, als Wegweiser, aber lebe dein eigenes Leben.

FRAGE:

Lieber Kryon, kannst du uns etwas über die Freie Energie sagen?

ANTWORT:

Oh, eine sehr schöne Frage, die ich sehr gerne beantworte. Sie hat verschiedene Facetten.

Zuerst sei gesagt, dass es euch sicher bekannt ist, dass die Erde eine Weltregierung hat, die in nur wenigen Händen ist. Wenige Familien halten diese Kraft, diese Energie. Das heißt, es sind gewisse Interessenkonflikte vorhanden, und die haben natürlich etwas mit Macht zu tun. Es wird schon lange an der sogenannten Freien Energie experimentiert. Wir unterstützen diese Experimente, das heißt, wir helfen durch geistige Informationen den Menschen, in dieser Entwicklung weiterzukommen.

Es sind Wissenschaftler, die jetzt andere Wege einschlagen wollen. Das ist sehr geehrt, und wird natürlich von uns ausreichend gefördert. Es sind übrigens Wissenschaftler, die alte Wissende sind. Sie hatten sich schon in Atlantis und Lemurien mit diesen Technologien beschäftigt. In den alten Zivilisationen wurde mit diesen Technologien der gesamte Energiebedarf der damaligen Menschen bereitgestellt. Es sind verschiedene Arten der Energieversorgung. Es ist Energie, die aus einer bestimmten Schicht um die Erde herum kommt. Eine Schicht, die mit dem Magnetgitter zusammenhängt. Dieses Konzept wurde hauptsächlich in den alten Zivilisationen verwendet.

Eine weitere Form der Freien Energie sind Motoren, die mit bestimmten magnetischen Konzepten arbeiten.

Es gibt außerdem die Möglichkeit, Energie auch aus dem Inneren der Erde zu schöpfen. Es sind also verschiedene Konzepte, die wir unter dem Begriff Freie Energie betrachten wollen. Es gibt viele Experimente, die wir unterstützen. Es ist an der Zeit, dass diese Neuerungen sich umsetzen. Wir können die Menschen, die politisch und wirtschaftlich an der Macht sind, nicht beeinflussen, was sie zu tun haben. Wir geben aber viele Informationen an exponierte Stellen, und wir glauben, dass in unmittelbarer nächster Nähe viele Gerätschaften, Autos, Energiekonzepte auf den Markt kommen, die als Freie Energie zu verstehen sind. Es arbeiten führende Automobilfirmen an neuen Prototypen, an Autos, die ohne Benzin fahren. Diese Prototypen sind auch schon gefertigt und einsatzbereit. Man ist nur noch nicht willens, sie auf den Markt zu geben. Das hat selbstverständlich etwas mit wirtschaftlicher Macht zu tun. Es ist im Moment noch nicht gewollt. Wir sind sicher, dass bald die ersten Neuerungen, nicht nur auf diesem Gebiet, eintreten werden. Vielleicht interessiert es euch, dass der Seelenaspekt, den ihr als *Nikola Tesla* kennt und der im letzten Jahrhundert bahnbrechende »Erfindungen« empfing, jetzt anteilig in führenden Wissenschaftlern, die sich mit diesen Technologien beschäftigen, inkarniert ist.

FRAGE:

Lieber Kryon, seitdem ich in der Neuen Energie bin, beobachte ich meine Umwelt und die Menschen sehr kritisch und stelle fest, dass viele Dinge geschehen oder ausgelebt werden, die ich als Dramen bezeichnen möchte. Ich möchte mich davon zurückziehen. Ich habe das Gefühl, ich brauche keine Dramen mehr.

ANTWORT:

Das hast du richtig erkannt, Dramen sind nicht mehr notwendig. Dramen entstehen oft, wenn Menschen im Spielfeld der Dualität agieren. Ich will es gerne einmal als Spielen bezeichnen. Es sind Aktionsbälle, die sich Menschen zuwerfen, die großenteils mit Karma zu tun haben und auch mit alten Mustern. Deine Umwelt kommt immer wieder in die gleichen Erlebnisschienen hinein, lebt sie aus und spielt das Spiel von Dualität, von Gut und Böse. Du, der du in der Neuen Energie bist, willst in die Klärung hineingehen und erkennst, dass du dich mit diesen Dingen gar nicht mehr beschäftigen möchtest. Es ist nicht mehr notwendig, in Dramen zu sein. Es ist notwendig, in Klarheit zu sein und die Zeit der Dramaturgie für andere Dinge einzusetzen, zum Beispiel für Meditation. Oder die Zeit zu nutzen, um herauszufinden, was du wirklich willst. Die Dualität verhindert bei vielen Menschen, dass sie in ihre Kraft hineinkommen. Du wirst zwar nie ganz, solange du auf der Erde bist, von der Dualität befreit sein, aber du kannst sie so weit wie möglich drosseln, sodass du in deiner Klarheit bist. Lebe deine Freiheit!

FRAGE:
Lieber Kryon, kannst du uns etwas über Lemurien sagen?

ANTWORT:
Ich möchte damit beginnen, dir zu erzählen, dass lemurische Energie *heilige Energie* ist. Ich will hier nicht ausführlich auf Lemurien eingehen, das würde den Rahmen sprengen. Ich möchte später ausführlich (im nächsten

KRYON-Buch) mit euch gemeinsam Lemurien besuchen. Es gibt sehr vieles darüber zu erzählen. Besorgt euch vorerst gute Literatur oder erfragt Näheres bei euren Geistführern. Sie erzählen und zeigen euch gerne mehr.

Ich weiß, dass die meisten, die jetzt dieses Buch lesen, alte Lemurier sind. Alte lemurische Seelen, die vieles von dem, was dort geschah, immer noch tief in sich gespeichert haben. Ich möchte keinen dieser Leser aufrufen, ständig in alte, vergangene Leben hineinzuschauen, das ist nicht im Sinne der Weiterentwicklung. Die alten Leben hier auf der Erde solltet ihr in Liebe verabschieden und aus euren Speichern entlassen. Jetzt ist es nur wünschenswert, zu erfragen: »Wer oder was war ich in Lemurien? Was habe ich dort getan?« Versuche, dich langsam mithilfe deiner Geistführer an das zu erinnern, was dort mit dir und durch dich geschehen ist. Es sind die lemurischen Qualitäten, die wieder nach oben kommen wollen. Sie sind in deinen Zellen gespeichert, waren unerreichbar für dich in vergangenen Jahrtausenden. Auch hier hat die Ausrichtung des Magnetgitters neue Maßstäbe gesetzt: Du kannst nun in dieser besonderen Erdzeit deine alten Qualitäten wieder aus dem Tiefschlaf hervorholen, sie wieder aktivieren. Ich möchte dich aufrufen, finde heraus, was deine Potenziale waren in Lemurien. Finde heraus, was du dort tatest. Was waren deine Aufgaben in Lemurien?

Prüfe, wer du wirklich bist, denn in dieser großen hohen Zivilisation war dein Dienst mit weitaus größerem Wissen ausgestattet als heute. Vieles von dem, was du vielleicht tatest, kann heute durch die Neue Energie wieder aktiviert werden. Die Schwingungen der Erde erhöhen sich sekündlich, und all die alten Arbeitsweisen, Seinsweisen und Energien, die dort zu der Zeit verwendet wurden, wollen wieder an die Oberfläche und vielleicht an die Öffentlichkeit. Sie werden für euch wieder aktiviert, die ihr hier inkarniert seid. Es ist eine Heilung für diese alten Zivilisationen, für Mutter Erde und für die Menschheit. Viele von den Praktiken, die angewandt wurden, ob in der Wissenschaft, in der Medizin oder in täglichen Bereichen, können jetzt hier auf der Erde wieder in Kraft treten. Die Erde und die Menschheit sind bereit. Ich wiederhole: Es ist eine Heilung dieses alten Paradieses, das durch Machtmissbrauch unterging. Versuche zu erkunden, wer du gewesen bist, und integriere die Energien und das Wissen in dein tägliches Leben und setze es um!

Deine Energien, dein Wissen können auf verschiedenen Ebenen gewesen sein. Vielleicht warst du ein Heilkundiger, ein Steinwissender. Vielleicht lagen deine Qualitäten in der Diplomatie, vielleicht warst du ein exzellenter Astronom und wunderst dich nun nicht mehr, warum du dich so zu den Sternen hingezogen fühlst. Möglicherweise warst du ein geehrter Astrologe und fühlst, dass bei deinem heutigen Astrologiewissen einiges nicht mehr stimmig oder unzureichend ist. Du weißt instinktiv, da ist noch viel mehr zu erfahren. Aktiviere es! Viele Sehnsüchte und Interessensbereiche können nun ausgelebt werden.

In welcher Form du dein wieder erworbenes Wissen einsetzen möchtest, bleibt natürlich dir überlassen. Es ist möglich, dass du für diese Inkarnation einen Vertrag abgeschlossen hast, als Heiler tätig zu sein. Dann ist es sicherlich sinnvoll, darum zu bitten, dass dir diese wundervollen Heilweisen wieder zugänglich gemacht werden. Du musst deine Heilenergien, die wieder zu dir fließen, jetzt nicht unbedingt berufsmäßig anwenden. Du kannst die Kraft und Energie für dich, deine Familie und für deine Freunde einsetzen. In der Neuen Energie ist die Kraft in deinen Händen sehr stark. Durch deine Hände fließt die göttliche Energie. Verwende sie gerne für diese privaten Heilunterstützungen.

Vielleicht spürst du instinktiv großes Interesse an alternativen Energieversorgungen für die Menschheit. Möglicherweise hast du dich früher in Lemurien mit der Energieversorgung der dortigen Menschheit beschäftigt. Wenn es nicht in dein heutiges Berufsbild hineinpasst, gründe gerne private Interessengruppen und unterstütze Menschen, die sich mit der Freien Energie beschäftigen und planen, das Wissen umzusetzen.

Ich weiß, dass einige alternative Institutionen in Deutschland ihre Energieversorgung mit der Wärme aus dem Inneren der Erde lösen. Ich möchte dich ermutigen, private Initiativen dafür aufzubauen. Denn, wie schon berichtet, sind Konzerne oft nicht bereit, die Projekte umzusetzen. Das hat etwas mit gesteuerten Wirtschaftsinteressen zu tun. Wartet nicht auf sie, agiert eigeninitiativ.

Lemurien war eine alte Zivilisation, die hohes Kristallwissen lebte und lehrte. Die Kristalle hatten vielerlei Aufgaben und Funktionen. Sie waren Wissensspeicher, hatten Heilfunktionen, hielten bestimmte Energien. Ihre Größe ging von handgroß bis hin zu der Größe eines Hauses. Ihr großes Wissen ist bald wieder bereit für die heutige Menschheit und wird freigesetzt. Ich spreche von der Zeit, die vor euch liegt. Es sind gewiss noch strukturelle Wandlungen in Politik und Wirtschaft notwendig, die gesche-

138

hen müssen, bis die Menschheit bereit ist, verantwortungsvoll mit diesem alten Wissen umzugehen.

Viele Menschen in der heutigen Zeit fühlen sich von
Kristallen angezogen. Sie fühlen sich sogar erinnert an alte
Zeiten und spüren die Faszination dieser Kristalle. Sie erahnen die Kraft und die Macht dieser herrlichen Wesen.
Selbstverständlich sind Kristalle keine tote Materie. Es ist
Bewusstsein. Versuche doch einmal, mit einem dir sympa-
thischen Kristall zu sprechen. Du wirst erstaunt sein, eine
klare Kommunikation ist möglich. Die Kristalle, die in Lemurien ihren Dienst taten, waren zum großen Teil künstlich erschaffene Kristalle. Wenn ich künstlich sage, meine
ich nicht chemisch, sondern ich will damit sagen, sie sind
nicht gewachsen, sie wurden mit der Gotteskraft künstlich
geschaffen. Es gab unendlich verschiedene Kristalle für viele
Aufgaben, die in der Schöpfungsebene lagen. Das näher zu
erklären, hebe ich mir für einen späteren Zeitpunkt auf.

Nichts von dem Wissen ist verloren gegangen. Es ist da.
Es ist noch nicht alles für euch zu erreichen, das wäre zu
früh. Es wird die Zeit kommen, wo es wieder seine Gültigkeit hat.

FRAGE:
*Was kann ich tun KRYON, um an mein altes Wissen heran-
zukommen?*

ANTWORT:
Ich ermutige dich, in den geistigen Verbindungen, in den
Meditationen, deine Geistführer oder dein Höheres Selbst
zu bitten, dich an deine alten Wirkungsstätten zu führen.

Das ist möglich. Trainiere dein inneres Auge und mache ausführliche Reisen in deine Vergangenheit. Schau dir an, was dort deine Aufgabe war. Besuche auch Atlantis. Ich fühle jetzt viele negative Energien, auch Angstenergien, die mit Atlantis und dem Untergang zu tun haben. Löse diese alten Muster auf. Es ist an der Zeit. Auch Atlantis darf Heilung erfahren. Und du kannst dabei behilflich sein. Aktiviere deine alten Potenziale und arbeite mit ihnen. Damit erweist du der Erde einen großen Dienst!

Eine Anleitung für den Kontakt zur Geistigen Welt

Auf vielfachen Wunsch möchte ich dir nun beschreiben, wie du effektiv mit der Geistigen Welt zusammenarbeitest.

Der Kontakt zur Geistigen Welt kann in zwei Formen geschehen. Das kann in einer Meditation, durch geistiges Schauen sein oder durch Empfangen von wörtlichen Botschaften, die du erhältst und hörst. Das möchte ich dir gerne näher erklären, und dir eine Anleitung dazu geben. Gehe einfach davon aus, dass in der Neuen Energie dein Kanal zur Geistigen Welt geöffnet ist, sodass die geistigen Wesen und dein Höheres Selbst zu dir Kontakt aufnehmen können. Es ist ihnen möglich, dir vor deinem geistigen Auge zu erscheinen und dir auch Botschaften zu geben. Das ist ein besonderes Attribut der Neuen Energie. Darüber habe ich ausführlich gesprochen.

Wir leiten dich in der Meditation. Eigentlich ist diese Art der Meditation eine geistige Führung, denn sie geschieht auf unsere Initiierung hin und wird von uns aktiv geführt. Wenn du das Bedürfnis verspürst, in so eine Verbindung hineinzugehen, kannst du sicher sein, wir gaben dir den Impuls. Wir leiten dich durch diese Meditation, deshalb sprechen wir oft von einer geistigen Führung. Es ist nicht wie bei einer Meditation, bei der du dich auf etwas konzentrieren sollst, um zu entspannen und bei dir zu sein, sondern du gehst hier auf eine Phantasiereise. Du gehst in den von uns empfohlenen Reisen über eine Wiese, und dort geschehen wundervolle Dinge, die von uns geleitet sind. Bitte uns vor jeder Meditation oder inneren geistigen Führung um Unterstützung. Wir werden dir dann dein inneres Auge und dein inneres Ohr weit öffnen.

Das geistige Schauen ist anders als mit den irdischen Augen zu sehen. Viele Menschen konzentrieren sich auf die Augenlider. Das ist nicht zu empfehlen. Die geistigen Bilder sind weit dahinter. Lasse also deine Augen einfach ganz entspannt in die Ferne schweifen. Es gibt Menschen, bei denen das innere Auge, das Dritte Auge, schon so weit geöffnet ist, dass sie ganze Filme plastisch sehen, so, als würden sie mit geöffneten Augen sehen. Das ist bei den wenigsten Menschen zurzeit so. Die meisten fühlen die Bilder. Sie wissen auf einmal, dass eine Gestalt vor ihnen steht in einem blauen Gewand, oder dass auf der Wiese bestimmte Blumen blühen. Dein geistiges Sehen geht vielleicht über das Gefühl, da solltest du ein bisschen experimentieren. Fühle, gehe in dein Innerstes hinein! Ich bin sicher, dass die meisten von euch Bilder über das Gefühl empfangen.

Das innere Hören sind Gedankenströme, die in dich hineinkommen. So arbeitet meine Partnerin auch. Es sind Gedankenströme, die du als Worte wahrnimmst. Es ist selten eine laute Stimme. Es fühlt sich eher so an, als hättest du andere Gedanken.

Aber sie sind merklich anders als deine eigenen Gedanken. Probiere es doch einfach aus! Manchmal *fühlt* man auch eine Botschaft. Das ist oft so, wenn du eine Frage stellst, hast du auf einmal schon die Antwort. Wundere dich nicht darüber, wenn die Antwort fast gleichzeitig mit der Fragestellung kommt. Das Wichtigste bei all diesen geistigen Führungen ist, dass du ins Vertrauen gehst. Du musst deine Zweifel ablegen. Es ist am Wichtigsten, dass *du dir* selbst vertraust. Nicht nur uns, sondern dir sollst du vertrauen.

Ich gebe dir hier noch einen guten Tipp, wie du versuchen kannst, Klarheit in deiner geistigen Reise zu behalten. Stell dir einfach vor, ich hätte dir energetisch in dein Herz einen wunderschönen Bergkristall eingepflanzt. Es ist so einer, wie du ihn gerne magst. Wenn du dann merkst, dass sich während deiner Reise der Verstand einschaltet, konzentriere dich einfach auf diesen Kristall. Vertraue den Botschaften, die zu dir kommen! Sei nicht im Zweifel! Die Geistige Welt ist sehr daran interessiert, dass du dich weiterentwickelst. Wir werden dich bei diesen Übungen unterstützen. Es ist auch ratsam, sich all die empfangenen Botschaften danach aufzuschreiben. Vielleicht möchtest du ein kleines Tagebuch anlegen und all diese himmlischen Informationen in Stichpunkten aufschreiben. Es stärkt dein Selbstbewusstsein, wenn du diese Worte nach ein paar Tagen noch einmal gegenliest. So kannst du auch im Nachhinein verfolgen, wie deine Entwicklungsstufen waren. Pflege den Kontakt zur Geistigen Welt und zu deinem Höheren Selbst.

Das Ziel ist natürlich, und jetzt komme ich auf eine Erweiterung zu sprechen, dass du dich ständig mit deinem Höheren Selbst und deiner geistigen Führung unterhalten kannst, nicht nur in der Meditation. Ich würde dir raten, so zu beginnen und dann weiter zu üben. Übe auch, ohne dich zurückzuziehen. Probiere, mit der Geistigen Welt auch in alltäglichen Situationen Kontakt aufzunehmen, wenn du unterwegs bist, vielleicht im Bus oder im Auto, wo immer du dich aufhältst. Vielleicht hast du auch Muße zu kommunizieren, wenn du Gemüse putzt oder im Garten arbeitest. Gehe einfach in die Verbindung hinein und unterhalte dich mit deiner Geistigen Welt und erinnere dich an den Kristall in deinem Herzen. Er wird dir helfen, im Herzen zu bleiben und dich nicht von deinem Verstand beeinflussen zu lassen. Der Verstand hat noch nicht mitbekommen, dass die Intuition nun die Führung in deinem Leben übernehmen soll. Probiere, diesen Kontakt in allen möglichen Situationen zu halten. Habe Geduld, es wird funktionieren. Auch hier gilt natürlich: Übung macht den *Meister!*

Meditation: Herzensöffnung und Löschung alter Muster

Wie in dem Kaptitel »Die Öffnung deines Herzens« ausführlich beschrieben, ist eine Arbeit mit deinem Herzen unerlässlich. Du solltest an diesen Bereichen intensiv arbeiten. Es ist eine Klärungsarbeit, die für dein Herz und dein gesamtes Dasein eine Öffnung bringt, eine Erweiterung. Diese geistige Führung kann dir dabei behilflich sein:

Suche dir einen bequemen Ort, lege dich hin oder setzte dich und atme dreimal tief durch. Ich habe jetzt dein inneres Auge und dein inneres Ohr weit geöffnet. Stell dir vor, du bist auf einer wundervollen Wiese. Es ist eine wundervolle Wiese, und es ist ein herrlicher Sommertag. Du hast deine Schuhe ausgezogen, deine Strümpfe, gehst nun barfuß über diese herrliche Wiese und schaust dich in Ruhe ein bisschen um. Diese Wiese wird so für dich sein, wie dein Höheres Selbst es dir anbietet. Ich gebe dir nichts vor. Vielleicht liegt deine Wiese an einem See, vielleicht in den Bergen. Vielleicht fließt auf deiner Wiese auch ein kleiner Bach. Schau dich einfach um und genieße das wundervolle Wetter. Dann gehe mit deinem Bewusstsein in deine Fußsohlen hinein und spüre, wie sich das Gras anfühlt, du bist ja barfuß. Fühle: Ist es hohes Gras, ist es niedriges Gras? Ist es warm oder ist es kühl? Oder leicht feucht? Fühle hinein und spüre

*mit deinen Füßen, mit deinen Sinnen, wie sich diese Wiese
für dich anfühlt.*

*Beschwingt gehst du weiter über diese wunderbare Wiese,
siehst in der Entfernung eine Bank. Dort gehst du hin, nimmst
Platz und ruhst dich einen Moment aus. Dann schaust du
mit deinem inneren Auge weit nach vorne und siehst und
fühlst eine Lichtgestalt auf dich zukommen. Diese Lichtgestalt ist ganz in Weiß gehüllt. Du merkst, wie sich von ihrem
Herzen zu deinem Herzen ein goldenes Band entwickelt, es
ist das Band der Liebe.*

*Die Lichtgestalt, die auf dich zukommt, ist der Meister Je-
sus Christus. Du erhebst dich von deiner Bank und gehst
ihm entgegen. Er hat seine Arme ganz weit ausgebreitet, und
wenn du magst, kannst du dich jetzt gerne von ihm umarmen lassen. Genieße die Liebe, die er dir entgegenbringt.*

*Der Meister legt seine linke Handfläche auf dein Herz.
Damit will er dein Herz ganz weit öffnen. Fühle mal hinein
in dein Herz, es wird weiter und weiter. Nun versuche, dir
vor deinem inneren Auge dein Herz vorzustellen. So wie sich
Menschen in der Form ein Herz vorstellen. In der Mitte deines Herzens ist eine große Tür, die öffne ich jetzt für dich.
Stell dir einfach vor, dass du auf dieses Treffen heute vorbereitet wurdest. Es ist egal, wann du dieses hier liest oder das
Bedürfnis verspürst, diese Meditation zu machen. Der Impuls kommt von uns. Konzentriere dich auf dein geöffnetes
Herz vor deinem inneren Auge.*

*Heute dürfen alte Muster aufgelöst werden. Es können
unterschiedliche Dinge aus deinem Herzen jetzt herauskommen. Themen, die heute entlassen werden dürfen. Es können Dinge herauskommen, wie: Klebrige, alte Energien oder
große Felsbrocken, die herauskullern. Vielleicht wollen Men-*

schen heute dein Herz verlassen. Vielleicht fühlst du auch, dass es alte Muster sind, wie mangelndes Gottvertrauen, Angst, mangelndes Selbstbewusstsein, alles ist möglich. Lasse zu, dass sich alles aus deinem Herzen entfernt, was heute gehen darf. Entlasse es in Liebe. Öffne dein Herz weit und schaue und fühle, was da jetzt herauskommen soll und will. Nimm es an, ohne zu werten, entlasse es in Liebe.

Und wenn du das Gefühl hast, dass alles, was heute gehen darf, fort ist, schaust du wieder mit deinem inneren Auge weit nach vorne. Du spürst, dass eine Lichtgestalt in deiner Nähe ist. Es ist eine Lichtgestalt, die ganz in Blau gehalten ist und ein großes Lichtschwert in der Hand hält. Es ist der Erzengel Michael. Schwinge dich ganz auf Michael ein, spüre und sehe, was Michael mit dir macht. Er wird dich jetzt energetisch von diesen alten Mustern befreien. Es kann sein, das du Michael siehst, vielleicht fühlst du ihn auch. Er wird einige Dinge durchtrennen, abschlagen, vielleicht hüllt er dich auch in eine blaue Energie ein. Vielleicht überreicht er dir auch ein großes Lichtschwert. Lass dich ganz auf die Energie von Michael ein und spüre die Erleichterung der losgelösten Muster.

Bleibe solange in dieser Energie, wie du möchtest, so lange, wie du das Gefühl hast, es wird noch mit dir gearbeitet. Wenn du fühlst, es ist beendet, dann sage Michael deinen Dank und beende die Meditation. Wenn du dein Höheres Selbst auch noch besuchen möchtest, kannst du dieses gerne miteinander verbinden.

Diese Art der Klärungsarbeit kannst du zu jeder Zeit selbst machen, sooft du das Gefühl hast, es ist wieder mal an der Zeit, ein paar Muster zu entlassen. Der *Meister Jesus Christus und Erzengel Michael* stehen dir jederzeit zur Verfügung.

Meditation: Führung zum Höheren Selbst

Eine Verbindung zu deinem Höheren Selbst ist das Wichtigste überhaupt in deinem Aufstiegsprozess. Dein göttlicher Funke ist das Bindeglied zwischen dir und GOTT. Und diese Verbindung garantiert dir eine in Liebe geführte Entwicklung deiner selbst. Diese geistige Reise hilft dir, diese wichtige Verbindung zu pflegen:

Suche einen für dich bequemen Ort auf, im Liegen oder im Sitzen, mache es dir einfach gemütlich und nimm drei tiefe Atemzüge. Ich habe dein inneres Ohr und dein inneres Auge weit geöffnet und dir, damit du dich von deinem Verstand nicht ablenken lässt, energetisch gesehen, einen Kristall in dein Herz gepflanzt. Wann immer du merkst, dass dein Kopf sich einmischen möchte, gehe mit deinem Bewusstsein in den Kristall hinein.

Und jetzt stelle dir vor, du bist auf einer wundervollen Wiese. Es ist ein herrlicher Sommertag, du hast deine Schuhe und Strümpfe ausgezogen und gehst barfuß über diese wundervolle Wiese. Da schaust du dich einfach mal um. Schau mal, vielleicht siehst du wundervolle Blumen, vielleicht sind es hohe Bäume, vielleicht sind es kleine Hasen, vielleicht sind es auch Rehe oder andere Tiere. Schlendere einfach über deine Wiese und genieße all das, was du dort siehst und fühlst.

Gehe dann mit deinem Bewusstsein ganz intensiv in deine Fußsohlen hinein und spüre, wie sich das anfühlt, worauf du gehst. Vielleicht ist es Gras, vielleicht ist es Moos? Spüre einfach, wie sich all das anfühlt: Ist es kühl, oder leicht warm? Fühlt es sich weich an oder etwas härter? Geh ganz in dein Gefühl hinein. Dann merkst du, wie plötzlich eine wundervolle Energie in deine Fußsohlen hineinströmt. Es ist ein Geschenk der Mutter Erde an dich, eine Göttinnen-Schöpferkraft, die jetzt in dich hineinströmt.

Diese Energie strömt hoch in deine Beine; vielleicht spürst du ein leichtes Kribbeln oder eine leichte Wärme. Dann fließt die Energie weiter in deinen Bauch, durch deinen Solarplexus, dann in deine Brust hinein. Hier durchflutet sie dein Herzchakra. Sie strömt durch dein Kehlkopfchakra, geht in deinen Kopf und erreicht dein Drittes Auge. Jetzt bist du von oben bis unten von dieser stärkenden Energie erfüllt. Vielleicht bist du jetzt beschwingt, vielleicht bist du besonders erdverbunden.

So gehst du weiter über deine Wiese. Dann kommst du an einen kleinen Weg, den gehst du auch entlang. Versuche, deine Umgebung intensiv wahrzunehmen. Vielleicht siehst du alles plastisch, vielleicht fühlst du deine Wahrnehmung. In einiger Entfernung siehst du jetzt ein Haus stehen, und du begibst dich zur Eingangstür dieses Hauses. Jetzt, wo du vor dieser Tür stehst, merkst du auf einmal, dass diese Tür ganz in Gold gehalten ist. Es ist eine goldene Tür. Hinter dieser goldenen Tür wartet dein Höheres Selbst auf dich, dein göttlicher Funke. Dein Höheres Selbst ist selbstverständlich Lichtenergie, kann sich aber, um mit dir zusammen zu sein, als Gestalt vor deinem geistigen Auge manifestieren. Der Raum, in den du gleich eintrittst, kann ein kleiner Raum sein. Vielleicht ist er wohnlich und ein Tisch steht in diesem Raum. Vielleicht kommst du in einen großen, hohen lichten Raum, der sich so wie eine Kathedrale anfühlt oder wie eine unendliche Weite. Schaue dich ein wenig um in diesem Raum und halte Ausschau nach einer Gestalt, halte Ausschau nach deinem Höheren Selbst. Vielleicht nimmst du dein Höheres Selbst sofort als eine Gestalt war, oder als einen großen Lichtkörper.

Versuche, Kontakt aufzunehmen. Gehe nah heran und begrüße dein Höheres Selbst. Vielleicht möchtest du dich von ihm umarmen lassen, vielleicht spürst du auch, dass ihr euch inniglich vereinigt. Dieses ist ein besonders heiliger Moment. Jetzt kannst du zu deinem Höheren Selbst näher Kontakt aufnehmen, indem du um eine Botschaft bittest. Bitte um eine Botschaft und lausche, was dein Höheres Selbst dir sagt. Diese Botschaft kann als Gedankenstrom oder als ein Gefühl zu dir kommen. Bleib mit deinem Bewusstsein ganz in deinem Herzen. Lausche und fühle, was dein Höheres Selbst dir sagt.

Wenn du möchtest, kannst du nun Fragen stellen. Frage all das, was dir auf dem Herzen liegt.

Das ist der Ort, wo du dich immer wieder zurückziehen kannst, wenn du alleine bist, wenn du traurig bist, wenn du Energie brauchst. Das ist der Ort, wo du Energie tanken kannst.

Bitte nun dein Höheres Selbst, es möge dich mit göttlicher Energie auffüllen, und bleibe du solange in dieser Situation und in diesem wundervollen Energiefeld, wie du möchtest.

Beende die Meditation, wann es dir gefällt, indem du dich verabschiedest.

Vielleicht habt ihr ja auch schon einen neuen »Termin« besprochen, wann ihr euch wiedersehen werdet. Das Ziel ist, sich mit dem Höheren Selbst immer mehr zu vereinigen, deshalb solltest du diese Meditation so oft wie möglich wiederholen.

Übung: Die Prana-Atmung

Die Prana-Übung kannst du einsetzen, wenn du Energiemangel fühlst, wenn du merkst, dass dir Energie entzogen wurde, und wenn du deine Angstgefühle ausvibrieren
willst.

Du bist ein multidimensionales Lichtwesen, und dieses
Lichtwesen besteht aus vielen verschiedenen Körpern. Du
hast ja nicht nur einen physischen, sondern auch noch andere feinstoffliche Körper. Unter anderem ist dein nächster Körper nach deinem physischen der Prana-Körper.
Diese beiden Körper überlagern sich, sie sind eng miteinander verbunden. Der pranische Körper ist sehr wichtig,
er füllt deine Chakren mit göttlicher Energie. Ich drücke
es hier ganz einfach aus, zur genauen Information gibt es
gute Fachliteratur. Das Ganze ist noch ein bisschen vielfältiger, umfassender zu verstehen. Es soll uns aber jetzt heute nicht weiter interessieren. Wir wollen davon ausgehen,
dass dieser Körper wichtig ist für deine weitere Entwicklung. Dieser pranische Körper hat einen außerordentlich
wichtigen Bestandteil, und das ist die Prana-Röhre. Diese
führt durch deinen Körper von oben bis unten direkt
durch deine Mitte hindurch und hat einen Durchmesser
von ca. 10 cm. Die Prana-Energie fließt durch deinen ganzen Körper und nährt deine Chakren, sie füllt deine Chak-

ren mit Energie an. Mit der lebenswichtigen, göttlichen Energie, die aus der QUELLE kommt. Ein Mensch, der mit einer guten, klaren und weiten Prana-Röhre ausgestattet ist, wird seine Chakren immer gut in Schwingung halten, und sein physischer Körper ist ständig mit dieser göttlichen Energie gefüllt. Das ist aber nicht bei allen Menschen der Fall. Viele Menschen sind vielfach durch die Lebensumstände nicht ausreichend mit göttlicher Energie versorgt, da sollte man durch die Prana-Übung ein bisschen Unterstützung geben. Der Mensch ist dann durch sein tägliches Leben (das hat auch etwas mit der Umwelt zu tun), nicht in seinem Gleichgewicht. Unterschiedliche Sorgen und Probleme, Lebensumstände, die besonders die Menschen im westlichen Bereich begleiten, machen es ihm unmöglich, diesen Prana-Kanal offen und klar zu halten.

Hier ist eine Übung, mit der du deinen Prana-Kanal stärken kannst:

Suche dir einen bequemen Platz zum Liegen, Sitzen oder Stehen. Stell dir einfach vor, du hast diesen Kanal in dir und konzentriere dich auf diesen Kanal. Stell dir vor, es ist ein Kanal, der durch die Mitte deines Leibes geht. Dieser Kanal reicht über deinen Kopf hinaus bis zur QUELLE, und unten geht der Kanal direkt in die Erde hinein bis zu dem Kristall im Zentrum dieses Planeten. Versuche es plastisch wahrzunehmen. Gehe mit deinem Gefühl intensiv in die Erde hinein, spüre ihren Kern und verankere dich dort. Dasselbe tust du, indem du dich konzentrierst auf die göttliche QUELLE, wie immer du dir diesen Bereich auch vorstellst, in Form einer Wolke, eines Zentrums, einer Gestalt, wie du möchtest. Sie kann sich so darstellen, wie du dir die QUELLE, wie du dir GOTT vorstellst. Hier oben endet dann die Prana-Röhre, und hier verankerst du sie ebenso. Dann konzentrierst du dich noch einmal ganz auf diesen Kanal. Spüre, dass er klar und rein ist.

Atme nun einmal tief ein und aus, dann nimm einen tiefen Atemzug, indem du dich ganz auf den unteren Teil der Prana-Röhre konzentrierst, und ziehe dann mit dem nächsten Einatmen deinen Atem ganz bewusst aus der Erde in dein Herz hinein. Halte die Energie in deinem Herzen, lasse sie hier ein bisschen verweilen. Dann atmest du aus und sendest dabei die eingeatmete Energie in deinen ganzen Körper hinein. Die Energie strahlt aus wie ein Stern. Diese Atmung praktizierst du ein paar Mal hintereinander. Du wirst bald merken, dass diese Atmung eine wunderbare Energie in dich hinein transportiert.

Jetzt konzentrierst du dich nach oben auf die göttliche QUELLE und ziehst auch hier mit einem tiefen Atemzug die Energie mit deinem Bewusstsein wieder in dein Herz hinein, zentrierst die Energie hier eine Weile und atmest so aus, dass die Energie wieder wie ein Stern in deinen ganzen Körper strömt. Auch dieses tust du einige Male, und bald wirst du merken, wie wundervoll licht und klar du dich fühlst. Mach eine kurze Pause.

Jetzt kannst du die Atmung koppeln, indem du dein Bewusstsein oben und unten zusammen verweilen lässt und die Energie gleichzeitig aus der Quelle und von Mutter Erde einziehst. Beides zusammen atmest du ein und holst so beide

Teile in dein Herz hinein. Lasse die Energie hier ein bisschen verweilen und lass sie dann in deinen ganzen Körper strömen. Das wiederholst du auch einige Male. Es bedarf ein bisschen der Übung, aber mit der Zeit wirst du merken, es funktioniert.

So kannst du dich immer wieder mit Energie füllen, mit göttlicher Energie. Das ist die Energie, die aus der QUELLE und von Mutter Erde kommt. Sie wird dich stärken und dir die Möglichkeit geben, deine Angstgefühle zu lindern. Diese Übung kannst du außerdem machen, wenn dir andere Menschen Energie entzogen haben. Gehe in diese Übung, und das göttliche Licht erfüllt dich wieder komplett.

Diese Übung mache für dich allein, bis sie dir gut gelingt. Dann kannst du, wo immer du dich befindest, in welcher Lage du auch bist, diese Prana-Übung zur Stärkung deiner selbst anwenden.

Übung: Angstumwandlung durch Liebe

Im Kapitel »Die menschliche Angst« ist beschrieben, dass Angstgefühle im Emotionalkörper gespeichert und auch im physischen Körper erkenn- und fühlbar sind. Jedes Angstgefühl, was immer es auch sein mag, ist an einem bestimmten Körperteil, oftmals im Solarplexus, aber auch in anderen Körperteilen fühlbar. Nun kannst du die Angst durch Liebe auflösen, beziehungsweise lindern.

Wenn du dieses für dich probieren möchtest, lehne dich zurück, komme in die Ruhe und gehe in eine Situation hinein, die dir Angstgefühle bereitet. Es kann alles Mögliche sein: aus dem privaten Bereich, aber auch aus dem geschäftlichen. Oder es ist ein Erlebnis aus deiner Kindheit. Konzentriere dich auf eine Situation, die dir Angst macht, und dann spüre hinein, wie es sich anfühlt, in dieser Angst zu sein, und spüre, wo du sie fühlst. Vielleicht ist es am Solarplexus oder du spürst sie an einer anderen Körperstelle. Es kann auch da sein, wo du es gar nicht vermutest, zum Beispiel im Bein oder im Arm. Gehe in dieses Gefühl ganz intensiv hinein, und dann langsam wieder aus diesem Gefühl heraus. Neutralisiere dich. Dann stelle dir eine wundervolle Situation mit einem liebevollen Partner vor, oder konzentriere dich auf ein Kind, auch auf ein Tier oder auf eine andere Situa-

*tion, die in dir ein wundervolles Liebesgefühl auslöst. Es soll-
te dieses warme, zärtliche Gefühl sein, das du wahrscheinlich
noch nicht so oft in deinem Leben hattest. Es wird dich woh-
lig durchströmen. Konzentriere dich auf dieses Liebesgefühl,
halte es und dann sende es in den Teil deines Körpers, in die
Stelle hinein, in der du das Angstgefühl gespürt hast. Lass die
Liebe in die Angst hineingehen. Bleib in dieser Situation, solange du möchtest.*

Liebe schluckt die Angst. Sie ist wie das Licht. Lass mich
vergleichen: Wenn du in einem dunklen Raum die Tür
und die Fenster öffnest, strömt Licht hinein. Die Dunkelheit ist weg. Und hier ist es genauso. *Die Angst geht, weil
die Liebe den Platz eingenommen hat.* Wenn du das öfter
machst, könnte es sein, dass dieses Angstgefühl sich völlig
auflöst. Wenn dieses Angstgefühl noch eines deiner alten
Muster ist oder nicht aufgelöstes Karma, dann kann es
immer wiederkommen. Da ist eine Auflösung des Musters
notwendig. Wenn du glaubst, das Muster der Angst schon
aufgelöst zu haben, aber trotzdem immer noch ein Angstgefühl entsteht, kannst du mit dieser Übung eine Linderung schaffen oder die Angst sogar ganz transformieren.
Es ist eine Linderung der Angst durch die Liebe. Wie schon
gesagt, wird dich die Angst in der Erdinkarnation nie
ganz verlassen. Das gehört zum Lernprozess dazu. Aber
du gehst in deiner Entwicklung einen Schritt weiter, wenn
du lernst, mit dem Gefühl deiner Liebe die Angst in den
Griff zu bekommen. Denn du bestimmst als Meister, was
mit und in deinem Leben geschieht.

Auszüge aus einem KRYON-Channeling am 19. September 2004 in Berlin

Seid gegrüßt, liebe Freunde, seid gegrüßt!

Ich bin Kryon vom magnetischen Dienst. In tiefer Liebe und Wahrheit bin ich hier und freue mich sehr, dass wir an diesem Platz alle zusammengekommen sind. Die Gruppe, die sich heute hier gefunden hat – meine Partnerin ist immer überrascht, wie sich das so formiert – ist geführt und zusammengestellt aus göttlicher Sicht. Nichts ist zufällig. Ihr Lieben, ihr seid gezielt zusammengeführt. Ihr seid alle alte Lemurier. Ihr seid alle in Lemurien gewesen und durch die Energien von Lemurien miteinander verbunden. Wir wollen Lemurien heute auf gewisser Ebene wieder ein wenig erwachen lassen. Fühlt einfach einmal hinein in euch, lemurische Kräfte durchströmen euch. Vielleicht kommen auch Erinnerungen hoch. Ich würde euch empfehlen, zwischendurch in diesem Channeling ruhig einmal die Augen zu schließen. Selbstverständlich könnt ihr auch schauen, aber ihr werdet bemerken, wenn ihr euch nach innen begebt, findet da einfach noch mehr statt. Ihr werdet vielleicht auch schon Botschaften empfangen und Bilder sehen. Denn das, was hier heute geschieht, ist ja nicht nur, dass die Worte von meiner Partnerin ausgesprochen werden. Worte haben eine große Kraft,

158

das ist wahr. Aber es geschieht natürlich auch viel zwischen den Zeilen. Es sind die Schwingungen, die zu euch kommen. Die hohen Schwingungen ermöglichen es uns zum Beispiel, effizient an euch zu arbeiten. Das geschieht, während ihr hier zuhört. Raffiniert, nicht wahr? Ja, ihr seid hier so schön still und sitzt so ruhig. Da lässt es sich prima an euch arbeiten!

Zuerst möchte ich aber einmal sagen, wer alles im Raum ist. Dann könnt ihr euch auch ein Bild davon machen, wer hier präsent ist. Spürt auch einmal hinein, wie sich die Energien im Raum verändern. Ihr müsst euch vorstellen, dass wir den Raum natürlich schon vorbereitet haben. Wir haben aber nicht nur den Raum vorbereitet, sondern auch euch. Jeder von euch hat eine spezielle Vorbehandlung, so will ich es mal ausdrücken, in den letzten Tagen bekommen. Wir haben euch auf dieses Treffen heute in jeglicher Form vorbereitet. Es kann sein, dass wir euch einfach noch einen Energieschub gegeben haben, damit ihr die Energien tragen könnt, die heute hier im Raum sind. Denn die Energie wird jetzt langsam steigen, und sie wird immer höher gehen. Stellt euch vor, die Gruppe, die hier zusammengekommen ist, ist weit entwickelt. Auch wenn ihr äußerlich nicht gleich seid, so seid ihr auf der geistigen Ebene so weit entwickelt, dass ihr alle hier diese Energie, die immer noch ansteigt, vertragen könnt.

Vielleicht wirst du sagen: »KRYON, ich habe mich doch gar nicht soviel mit spirituellen Schriften auseinandergesetzt. Ich bin darin nicht so belesen.« Das macht nichts. Du bist trotzdem weit entwickelt. Du hast einen Prozess durchlaufen. Du bist langsam immer höher und kräftiger

159

in dich selbst hineingekommen. Ihr seid ebenbürtig in der geistigen Entwicklung. Betrachtet euch also als eine Familie heute, als eine alte lemurische Familie mit Brüdern und Schwestern, Cousinen und Tanten. Und versucht, ein Gemeinschaftsgefühl zu entwickeln. Rückt ein Stückchen zusammen, seid in Liebe, öffnet euer Herz, seid voller Verständnis für den Nächsten. Das ist sehr wichtig heute.

Jetzt will ich euch aber berichten, wer noch alles hier im Raum anwesend ist. Meine Partnerin kommt ja nicht allein. Sie bringt ihre Helfer mit. Und ich bringe auch meine Helfer und einige Gäste mit.

Der *Meister Jesus Christus* ist da. Er steht rechts von meiner Partnerin. Auf der linken Seite begleitet sie *Maria Magdalena*. Versucht einfach einmal, diese Energien zu fühlen oder versucht, mit geöffneten Augen zu schauen, indem ihr euer Auge, da will ich euch gerne helfen, so ausrichtet, als würdet ihr etwas anstarren. Dann werdet ihr merken, dass sich etwas verschiebt, und dann nehmt diese Energien neben meiner Partnerin wahr. Hinter ihr steht noch eine Wesenheit, die ich als *Tschu An Li* bezeichnen möchte. Es ist ein geistiges Wesen, das meine Partnerin zurzeit begleitet und schult. Die Arbeit meiner Partnerin wird sich immer mehr erweitern. Sie wird aber nicht als Heilerin im klassischen Sinne tätig. Sie wird durch die göttliche Energie, die sie immer mehr tragen darf und die sich noch steigern wird, vieles transportieren, das ihr aufnehmen könnt. Das ist eine Heilung besonderer Art.

Überlegt einmal, wie das gemeint ist. So entwickelt sich ein Mensch weiter. Und nicht nur meine Partnerin, sondern auch ihr! Auch euch ist es in der Form möglich. Ich sehe hier zehn Menschen im Raum, nein es sind elf, die diese Qualitäten auch schon halten können. Experimentiert also ruhig einmal mit euren Geistführern. Versucht herauszufinden, was denn eure nächste Aufgabe sein wird. Vielleicht hat das etwas mit Heilung zu tun, mit energetischer Heilung, die ihr an andere Menschen weitergeben könnt.

Dann ist hier der *Meister St. Germain*, der Hüter des siebten göttlichen violetten Strahles. Mein Bruder Michael, der *Erzengel Michael* mit seinem blauen Lichtschwert, ist anwesend. Und *Elias*, der Prophet. Er begleitet meine Partnerin auch schon sehr lange.

Natürlich sind auch alle Wesenheiten im Raum, die euch begleiten, also eure Geistführer. Manchmal überlappt es sich, denn einige von euch haben auch *Michael* oder *Jesus Christus* als Begleitung. Das kann durchaus sein. Zwei im Raum werden auch von *Maria Magdalena* begleitet.

Mutter Maria ist anwesend. Ihre Energie werdet ihr sehr intensiv im Herzen spüren. Versucht, *Mutter Maria* heute in euer Leben, in euer Dasein hineinzulassen. Sie will euch das Herz öffnen. Sie ist heute unser Ehrengast!

Es sind meine Helfer da, die Energieträger oder Energiehalter, so will ich sie nennen. Sie sind schon seit Tagen hier, um die Energie zu halten. Sie haben den Raum präpariert, so würdet ihr es formulieren.

Ja, so sind wir eine riesige Gruppe. Spürt, wie sich hier die Schwingung im Raum langsam füllt und immer höher wird, so wie ihr es vertragt. Denn wir wollen euch ja nicht mit starker Energie bombardieren, vor der ihr vielleicht zurückweicht oder taumelt, sondern euch dienlich sein.

Wir möchten euch langsam damit konfrontieren, so, wie es für euch angemessen ist.

Ich möchte euch nun bitten, mit eurem Bewusstsein in den Körper hineinzugehen. Es sind viele von euch heute hier, die körperliche Probleme haben. Ich spreche von Krankheiten. Ich spreche aber auch von Dingen, die nur latent da sind und die meine Partnerin schon kurz ansprach, die Transformationsprozesse. Ich meine beispielsweise Darmprobleme oder Bauchschmerzen. Ich spreche aber auch von Dingen, die euch schon eine ganze Zeit begleiten, weil ihr nicht in eurer Mitte seid. Schmerzen im Nacken, Schmerzen am Rücken, Schmerzen in den Knien, vielleicht auch im Kopf, vielleicht rumort der Solarplexus, vielleicht habt ihr auch Probleme mit dem Herzen. Vielleicht hüpft es manchmal ein bisschen oder ihr merkt, dass da ein intensiver Druck oder Schmerz ist. Das sind alles Sachen, die deine Seele von deinem Körper erbat. Deine Seele hat zu deinem Körper vielleicht gesagt: »Du, sie hört mal wieder nicht auf mich.« Und er hat möglicherweise geantwortet: »Dann wollen wir doch einmal etwas inszenieren, damit sie ein bisschen wachgerüttelt wird.« Alle die Dinge, die du an deinem Körper empfindest, die nicht in Ordnung und vielleicht auch mit Schmerzen verbunden sind (dazu gehört auch ein Unwohlsein), sind Aufrufe der Seele an dich und sagen dir: »Kümmere dich um dich!«

Schau also in dich hinein. Wo bist du nicht in deiner Mitte? Vielleicht bist du in einem Beruf, der dir keine Freude bereitet. Vielleicht lebst du in einer Partnerschaft, die dich nicht beglückt. Unternimm klärende Schritte, denn diese Inkarnation ist eine besondere Inkarnation! Es ist die Inkarnation, die mit dem Aufstieg verbunden ist. Du hast dir ganz viel zusammengepackt, viele Lernaufgaben in diesem Leben, um dich zu entwickeln. Du hast dir gesagt: »Ich bin mir nicht sicher, ob die Energie, die Neue Energie, kommen kann oder ob die Erde nicht doch untergeht. Aber wenn es denn so sein sollte, dann möchte ich mit dabei sein.« Du bist also ganz bewusst hier inkarniert.

So, nun hast du viele Lernaufgaben abgetragen und abgearbeitet. Aber es ist immer noch etwas da, mit dem du nicht in deiner Mitte bist. Dann versuche herauszufinden: »Was ist es denn eigentlich, was ich jetzt wirklich will?« Und deine Seele hat dir eine Krankheit geschickt, um dich zu rütteln und dir zu sagen: »Du, schau mal, da ist irgendwas nicht in Ordnung.« So einfach ist das.

Ich möchte dich jetzt bitten, dass du einmal in diesen Körperteil deines Körpers, wo etwas nicht stimmig ist, hineinfühlst. Und lass dich noch einmal auf dieses Gefühl ein. Nimm den Schmerz oder dieses Unwohlseingefühl ganz auf. Merke es dir, sei dir bewusst, was es ist, und lass es dann los. Lass es einfach so stehen und schau, was hier im Laufe des Tages mit deinem Unwohlsein, mit deinem Schmerz passiert. Wenn die Sitzung heute beendet ist, wenn du von hier gehst, dann fühle noch einmal hinein in diesen Körperteil. Vielleicht wirst du eine Änderung spüren. Vielleicht ist es heute an der Zeit, dass du diesen Schmerz gehen lassen darfst.

Es werden ein paar dabei sein, die ihre Schmerzen nicht gehen lassen können. Dann hängt es damit zusammen, dass sie noch einige Dinge »knacken« müssen. Du wirst aufgefordert, dein Leben einmal Revue passieren zu lassen und dich zu fragen: »Wie ist es denn gewesen? Was war es, das ich loslassen muss?« Du solltest nachsehen, wo etwas nicht so ist, wie du es dir wünschst, und dich dann fragen: »Wie kann ich es auflösen?«

Jetzt wirst du vielleicht sagen: »KRYON, ich kann mich nicht einfach von irgend etwas trennen. Ich habe einen Mann und drei Kinder, und ich habe einen Beruf. Da bin ich überall sehr eingebunden. Eigentlich gefällt mir mein Beruf nicht, aber was soll ich machen? Heute herrscht soviel Arbeitslosigkeit, was kann ich also tun?«

Sei gewiss, wenn du dich in die Neue Energie und in die Neue Zeit hineinbegibst, wirst du begleitet und beschützt sein. Das heißt, wenn du einen Schritt in eine bestimmte Richtung machst, der etwas mit Loslassen und mit »Sich-in-etwas-Neues-hineinbegeben« zu tun hat, dann bekommst du Hilfe. Nur, solange du nicht in dem bist, was für dich wirklich gedacht ist, werden Änderungen auftreten. Ich spreche auch von deiner Lebensaufgabe beziehungsweise von deinen Lebensaufgaben. Es gibt natürlich im Laufe eines langen Lebens eines Menschen verschiedene Aufgaben, die er zu erfüllen hat. Das kann zuerst für dich als Frau vielleicht das Mutterdasein sein. Dann wird aber irgendwann der Punkt kommen, an dem die Kinder aus dem Haus gegangen sind. Und nun stellt sich die Frage: »Was mache ich jetzt? Wo gehe ich hin?« Vielleicht hast du einmal irgendetwas beruflich gemacht und sagst dir jetzt: »Das war ja ganz nett für eine gewisse Zeit. Ich habe viel gelernt. Aber nun habe ich das Gefühl, dass es nicht mehr passt.«

Das kann auch für euch Männer hier im Raum zutreffend sein. Ihr seid ja speziell oft so geschult und erzogen worden, eine Familie zu ernähren und gewisse Dinge zu tun, die damit verbunden sind. Vielleicht habt ihr das auch lange getan und seid nun der Meinung: »Jetzt ist es ganz anders. Jetzt bin ich allein. Meine Frau ist nicht mehr da.« Oder: »Meine Frau und ich haben festgestellt, wir möchten gerne etwas anderes tun. Wir haben die Idee, eine Meditationsgruppe zu gründen, uns mehr mit heilerischen Themen auseinanderzusetzen, oder vielleicht auch Indigo-Kindern zu helfen und eine Gruppe zu gründen.« Vieles wird in der heutigen Zeit neu angedacht, angeschoben und wartet nur darauf, von euch umgesetzt zu werden.

Mut, Wille und Stärke kannst du zum Beispiel für deine neuen Ideen erbitten von dem Hüter des ersten, des göttlichen Strahls, des blauen Strahls, von *El Morya*. *El Morya* und auch *Michael* mit der blauen Kraft, dem Lichtschwert, sind dem gleichen Strahl zugeordnet. Sie werden jeden unterstützen, wenn es um Loslassen und einen Neuanfang geht. Und wenn es darum geht, in die Kraft hineinzukommen und zu sagen: »Ich will jetzt etwas Neues anpacken«. Vielleicht ist bei einigen von euch heute das Thema Loslassen und sich mutig in etwas Neues hineinzubegeben, mutig nach vorne zu schauen.

Zu dem Zeitpunkt, als ich gerufen wurde, um das Magnetgitter zu richten und die Möglichkeit zu schaffen, dass die Neue Energie auf die Erde strömen kann, war es gleichzeitig möglich, dass diese göttlichen Strahlen noch umfangreicher wurden. Und stellt euch einfach vor: *Wir stehen quasi neben euch.*

Du kannst jetzt in diesem Moment auch noch einmal das Experiment machen und die Energie fühlen. Die Energie ist schon höher geworden im Raum. Fühle einfach, wer neben dir ist. Versuche, einmal wahrzunehmen, welche Energie es ist. Vielleicht ist es die von *Jesus Christus* oder die von *Michael*. Vielleicht bist du mit *Seraphis Bey* verbunden, dem Herrn und Hüter des vierten, des weißen göttlichen Strahls, der vielleicht dein persönlicher Begleiter ist. Es ist der Strahl, der etwas mit Aufstieg und Disziplin zu tun hat. Auch die sind übrigens miteinander verbunden, die Disziplin und der Aufstieg, die Kraft und der Wille. Du kannst aber auch fragen: »Wer bist du?« Vielleicht bekommst du eine Antwort, vielleicht weißt du es aber auch ganz von alleine, wer dich im Moment begleitet, wer neben dir steht. Macht es euch bitte immer wieder klar: *Wir sind euch so nahe wie nie zuvor.*

Jetzt möchte ich noch einmal die Neue Energie in ein paar Punkten erklären. Die Neue Energie hat drei wesentliche Punkte.

Vor Äonen von Zeiten wurde von der Gruppe KRYON das Magnetgitter der Erde installiert, damit hier unter anderem Biologie sein kann. Wir wurden 1987 erneut gerufen, weil ein himmlisches Gericht die Erde gemessen und festgestellt hat, dass die Erde mit dem gesamten Sonnensystem in eine neue Umlaufbahn gehen kann. Die Neuausrichtung des Magnetgitters brachte ebenfalls eine neue Energie auf die Erde. Diese neue Energie ist die *Christusenergie.*

Vor zweitausend Jahren ist jemand gekommen, den ihr als *Jesus Christus* kennt und der zu seinem 30. Lebensjahr sozusagen autorisiert wurde, die Christusenergie hier auf der Erde zu installieren. Er hat ein Lichtgitter gesetzt, so will ich das einmal ganz einfach ausdrücken, ein großes Lichtgitter. Jetzt geht die Erde in eine neue Zeit, in das Wassermannzeitalter, mit der besonderen Prämisse, dass sich die Erde mit dem gesamten Sonnensystem in eine andere Umlaufbahn hineinbegibt. Das bedeutet für euch, dass ihr jetzt die Christusenergie immer kraftvoller empfangen könnt. Das Fischezeitalter war die Vorbereitung zum Wassermannzeitalter.

Es waren schon gewisse Initiationen in den letzten Monaten. Zum Beispiel Konstellationen am Himmel, wie im letzten November dieser Davidstern, der für alle sichtbar war. Zu diesem Zeitpunkt kam noch einmal ein besonderer Schub dieser Christusenergie auf die Erde. Letztlich und endlich dreht es sich dabei darum, das Herz zu öffnen, die Christusenergie in sich hineinzulassen, das Höhere Selbst, so könnte man sagen, und die Christusenergie zu leben. Alle diese Dinge sind von uns hilfreich unterstützt.

Das, was wir als die Neue Energie bezeichnen, die Christusenergie, hat drei besondere Merkmale, die ich jetzt kurz beschreiben will.

Das eine ist die *Karmafreiheit*. Das heißt, wenn du diese Neue Energie erbittest, bist du in einer Phase von circa drei Monaten geklärt und gereinigt. Deine alten karmischen Verbindungen und Interaktionen sind genommen. Du bist frei in dieser Beziehung. Es sind natürlich noch Muster in dir. Und davon jede Menge. Diese Muster müssen aufgelöst werden, Stück für Stück. Du wirst dich auch immer mehr mit deinen Teilpersönlichkeiten auseinandersetzen. Viele Dinge werden geschehen. Die Neue Energie ist wie ein Grundpaket.

Der zweite Aspekt ist der *Kontakt zur Geistigen Welt.* Ihr müsst einfach wissen: Der Schleier ist gelüftet durch die Ausrichtung des Gitters. Wir sind euch, wie gesagt, so nah wie nie zuvor. Das, was früher nur Eingeweihten möglich war, ist jetzt für jede alte Seele möglich. Und der Raum hier ist gefüllt mit alten Seelen. Es ist euch nun möglich, euch mit der Geistigen Welt auseinanderzusetzen, das heißt: zu kommunizieren, zu lauschen, geistige Bilder zu empfangen. Und euch auf diese Art und Weise immer mehr mit euch selbst auseinanderzusetzen.

Das dritte Attribut ist die *Co-Kreation,* das, was der Mensch nun in sein Leben hineinbitten kann, wenn er von Karma befreit ist. Mein Lieblingsbeispiel ist in diesem Falle – meine Partnerin muss manchmal schon schmunzeln, wenn ich es sage –: Der karmafreie Mensch ist wie ein Zug auf einem Gleis ohne Ziel.

Wenn du in der Neuen Energie bist, bist du wie ein Zug auf einem Gleis ohne Ziel. Das heißt, *du* musst jetzt bestimmen, was mit dir geschehen soll. *Du* musst den Zug in die gewünschte Richtung, ins Ziel leiten. Wir sprechen in diesem Fall von Co-Kreation. Du musst dabei dem Universum laut kundtun und all deine Gedanken- und Willenskraft einsetzen, um das zu bekommen, was du möchtest. Später genügen dafür bereits ein Gedanke und deine Willenskraft allein. Aber ihr seid noch dabei, euch in diese Richtung zu entwickeln. Und das Wichtigste dabei überhaupt ist, was mein Freund Tobias als *Imaginieren* bezeichnet, dich in die Sache, die du in dein Leben hineinbitten möchtest, einfach schon einmal hineinzufühlen! Nicht mit dem Kopf und auch nicht mit dem Verstand, sondern mit den Gefühlen. Du sollst diese Situation also bereits in deiner Vorstellungskraft mit deinen Gefühlen erleben.

Ein Beispiel: Wenn du dir eine neue Wohnung wünschst und sie noch nicht da ist, dann lebe ruhig schon darin. Das heißt, gehe mit deinem Gefühl bereits hinein. Schau, wie groß sie ist, wie sie aussieht und wo sie liegt. Häng auch schon einmal Gardinen oder ein Bild auf, bring Wohnlichkeit hinein. Das ist es, was du machen sollst. Du sollst in deine Tagträume deine Ideen und Wünsche hineinbringen, sie einfach schon leben. Damit gibst du diesem Wunsch, dieser Sache, die Möglichkeit, sich zu manifestieren. Manches dauert ein bisschen länger und ist nicht von heute auf morgen zu verankern, manches geht relativ schnell. Bedenke auch, dass immer andere Menschen damit verbunden sind. Das bedeutet, wenn du dir also zum Beispiel eine neue Wohnung wünschst, dass dann jemand aus dieser Wohnung ausziehen und auch eine Vermittlungsperson schon da sein muss. Das ist vielleicht eine Freundin, die dir erzählt: »Du, da will jemand ausziehen. Ich kenne den Besitzer der Wohnung, die genau für dich passend wäre.« So ist also eine Interaktion dieser Form immer notwendig, um eine Sache so richtig in Schwung und Gang zu bringen.

Diese Co-Kreation wird immer effektiver, liebe Freunde, denn die Schwingungen der Erde erhöhen sich sekündlich. Die Erde wird immer lichter und heller. Sie transformiert sich.

Und du solltest dich mit deinem Dasein, mit dem, was du bist, auch immer mehr transformieren und reinigen. Das kannst du, indem du dich immer mehr mit der Geistigen Welt auseinandersetzt. Ich sehe Menschen, die viele Seminare besuchen, die sich mit Themen auseinandersetzen wie Lichtkörperprozess, Lichtnahrung, DNS-Schichten-Aktivierung. Es ist schön, sich zu informieren. Es ist auch schön, viele Bücher zu lesen. Ich weiß, euer Wissensdrang ist groß. Nur bedenkt bitte: *Die Erfahrungen müsst ihr selbst machen*, die kann euch keiner abnehmen. Wir versuchen, die Themen in Worte zu setzen, aber ihr müsst selbst herausfinden, was es denn eigentlich ist, das in euer Leben hineintreten soll. Und was euch im Ganzen ausmacht, wer ihr seid. Erkennt, ihr seid *ein multidimensionales großes Lichtwesen mit vielen Schichten und mit vielen Körpern*. Die Körper sind euch bekannt. Viele Chakren sind euch bekannt, wenngleich nun auch neue Chakren aktiviert werden, die bisher nicht so bekannt waren. Dann gibt es natürlich das Höhere Selbst, und es gibt auch noch ein Sternenüberselbst.

Es gibt also viel zu erfahren über das, was dich letztlich und endlich ausmacht. Je mehr du in diese Neue Energie hineingehst, denn sie ist eigentlich nur ein Grundstock, wenn auch ein sehr wichtiger, je mehr du dich also erweiterst, umso mehr wird in dein Leben hineintreten. Teilpersönlichkeiten werden sich verstärkt noch in dein Leben einmischen. Teilpersönlichkeiten, die dich letztendlich als Ganzes ausmachen. Es werden aber auch andere Seelenaspekte, je weiter du dich entwickelst, zu dir kommen und sich mit dir vereinigen. Vielleicht wirst du manchmal auch staunend bemerken: »Oh, ich mache jetzt eine Sache ganz anders.« Es kann durchaus sein, dass du in einer bestimmten Entwicklungsstufe bist, in der sich deine anderen Seelenaspekte langsam wieder mit dir vereinigen und sich in dein Leben einbringen.

Es sind viele, viele Themen, die in diesem Bereich auf euch zukommen. Aber ihr könnt diese Themen auch wunderbar mit der Geistigen Welt besprechen und natürlich auch mit eurem Höheren Selbst, denn das Wichtigste ist, dass ihr in euch hineingeht, dass ihr mit euch arbeitet. Das können euch alle Bücher und Seminare nicht abnehmen. Ihr könnt euch auch gerne austauschen, das ist sinnvoll. Ihr könnt in einer Gruppe zusammen sein und diskutieren, wobei ich euch sagen muss, dass es, wenn ihr in einer Gruppe zusammensitzt, wichtig ist, zuerst einmal eine gleiche Sprache zu finden, denn viele Menschen benutzen unterschiedliche Vokabeln für dieselben Dinge. Das hängt mit den unterschiedlichen Büchern, Zeitschriften, Seminaren und Internetinformationen zusammen. Es wird heute ja vieles angeboten, auch manchmal Irreführendes. Es befinden sich Schriften am Markt, die zum Teil voneinander abgeschrieben sind, oder es stehen Dinge in ihnen, die so aus der Geistigen Welt nicht korrekt interpretiert sind. Sie sind nicht stimmig. Und nicht alles ist in Liebe, was in dieser Form weitergegeben wird. Sondiert also die Botschaften. Und versucht, eine gemeinsame Sprache zu finden. Versucht einmal zu definieren: Was ist das Höhere Selbst? Ja, was ist es denn eigentlich? Es ist dein göttlicher Teil, dein göttlicher Funke, es ist dein Christusselbst. Und das zu entdecken und zu leben ist das Ziel.

Deine geistigen Helfer, die an deiner Seite dienen, sind Unterstützer und Begleiter. Irgendwann werden sie dich wieder verlassen. Das muss nicht heute und morgen sein. Letztendlich ist es aber das Ziel, dass du dich mit deinem Höheren Selbst immer mehr vereinigst und dass du es lebst.

Ich sage es noch einmal, und das ist ein wichtiger Satz: *Es nützt alles nichts, wenn du es nur liest, aber nicht praktizierst.* Das ist das Wesentliche in der Neuen Zeit. Bedenke, die Zeit eilt! Ihr sprecht von 2012. Ihr seid euch ganz sicher, 2012 wird das Jahr sein, in dem sich alles ändert. Ich lasse es einmal offen und möchte dazu keine ausführliche Stellung nehmen. *Wie der Mensch sich entwickelt, so wird auch die Erde sich entwickeln.* Dass etwas geschehen wird, ist außer Zweifel.

Auf jeden Fall wird 2007 und 2012 ein himmlisches Gericht die Erde neu messen, und es wird dann beschlossen, was wie wann geschieht. Es ist wichtig zu erkennen, dass die Zeit eilt und drängt. Das, was ihr hier durch uns erfahrt und was die Geistige Welt euch in Einzelgesprächen, also von hier nach da, weitergibt, sind Informationen, für die Eingeweihte früher vielleicht dreißig, vierzig Jahre gebraucht hätten, um sie zu erkennen und umzusetzen.

Letztlich dreht es sich darum, dass du dich mit deinem anderen Körper, mit deinem Lichtkörper, bewegen kannst, dich umherbewegen kannst. All das, was Eingeweihte geschrieben haben, sind Informationen, die ihr heute in ganz schneller Form bekommt, mit dem Unterschied, mit der

Prämisse, dass ihr einfach so geschützt und geführt seid, dass viele Dinge, viele Prüfungen euch in der Form, wie es früher geschah, nicht mehr so schwer treffen.

Denn selbstverständlich wird von einem himmlischen Gremium, so will ich das einmal nennen, auch geprüft, ob ihr das denn auch umgesetzt habt, was ihr alles gelesen und gelernt habt.

Bist du dir dessen bewusst, dass diese Neue Energie ein Geschenk aus der Quelle ist? Ein Geschenk, das du direkt aus der Quelle bekommst? Sowohl die Neue Energie wie auch die heutige Zeit und ihre Möglichkeit, das alles erleben zu dürfen, sind Geschenke. Es ist ein Geschenk, dass so viele Menschen, – es sind Millionen von alten Seelen hier inkarniert –, die Chance haben, mit in den Aufstieg hineinzugehen, also ohne den Körper zu verlassen und ohne durch den Tod zu schreiten. Das ist auch eine wichtige Botschaft! Ihr müsst den Körper nicht mehr durch den Tod verlassen. Ihr könnt euren Körper behalten und mit ihm in die Neue Zeit hincingehen. Wie das praktisch vonstatten geht, werde ich euch jetzt nicht einzeln erklären. Denn vieles, was in den Schriften steht, auch bei meinem amerikanischen Partner oder jetzt hier bei meiner deutschen Partnerin, hat seine Gültigkeit. Nur sind es auch viele Dinge zwischen den Zeilen, die nicht so offenbar werden. Da muss man sich schon richtig hineinversetzen und natürlich auch den Kontakt zur Geistigen Welt halten.

Wir führen euch gleich in eine Meditation, in der wir euch zeigen, wie ihr das machen könnt. Selbstverständlich sind andere Meditationen auch geehrt, aber diese ist besonders erd- und himmelverbunden und gibt euch viel Kraft und Energie. Es sind auch die Meister mit eingebunden, die mit euch arbeiten wollen. Vertraut dem, was geschieht.

Es ist also unerlässlich, sich in der Form, wie wir es eben besprochen haben, mit sich auseinanderzusetzen. Das können euch weder Seminare noch Bücher ersetzen. In diesen Meditationen und geistigen Begegnungen mit euren Geistführern und eurem Höheren Selbst werden euch die Informationen gegeben, die wichtig sind für den Sprung, den ihr machen müsst. Es nützt nichts, wenn ihr sagt: »Ich bitte darum, dass meine DNA-Schichten aktiviert werden. Ich bitte darum, dass ich in meinen Lichtkörperprozess hineinkomme. Ich bitte darum, dass ich mich irgendwann von Lichtnahrung ernähren kann.« Selbst wenn das alles ganz wunderbar ist, worum du bittest, ist es wichtig, dass du in dich hineingehst und mit dir arbeitest. So kannst du dich Stück für Stück vervollkommnen.

Du kannst deine Muster mit deinen geistigen Führern auflösen. Vielleicht kommst du in den nächsten Tagen dann in eine entsprechende Situation hinein. Ich kann sogar sagen, es wird wahrscheinlich so sein. Jedem von euch wird eine bestimmte Situation demnächst von der Geistigen Welt zugeführt. Eine Situation, die ein bestimmtes tiefes Muster nach oben bringen soll. Beobachte also in den nächsten Tagen aufmerksam, was dir begegnet und was geschieht. Vielleicht triffst du wieder einmal auf einen Menschen, einen Typ Mensch, der ein bestimmtes Angstgefühl in dir auslöst. Vielleicht hast du dieses Gefühl aus der Kindheit mitgebracht, dass eine bestimmte Art von Menschen dir Angst einflößen. Menschen, bei denen du dich zurückziehst und denkst: »Oh nein, mit dem möchte ich nichts zu tun haben.« Dann ziehe dich jetzt bitte nicht zurück, sondern versuche, dich mit dieser Thematik auseinanderzusetzen. Frage dich: »Was ist es denn, was mich von diesem Menschen so zurückschrecken lässt? Warum habe ich Angst vor ihm? Was ruft der in mir hervor? Woher kommt das, was er in mir hervorruft?« Und versuche, es aufzulösen. Das kannst du mit der Geistigen Welt tun. Sprich auch mit *Michael*, denn er ist derjenige, der die alten Muster durchtrennt.

Prüfe auch: »Was will denn vielleicht noch aus meinem Herzen heraus?« Denn, wie gesagt, durch die Neue Energie bist du zwar karmafrei, aber es sind immer noch alte Muster, alte Dinge in dir gespeichert. Vielleicht sind es auch Eide und Schwüre aus alter Zeit. Bedenke, dass jedes Wesen hier, jeder Seelenaspekt auf diesem Planeten, auch seine Erfahrungen mit der dunklen Seite gemacht hat. Das gehört dazu. Ehre auch die dunkle Seite, achte sie, mache dir klar, ohne sie würdest du nicht wissen, was gut ist. Es hängt zusammen. Auch in dir ist beides vorhanden. Beides ist da. Es ist das Gute und das Böse, das Lichte und das Dunkle da. Das Ziel ist natürlich, dass du immer mehr mit deiner Energie arbeitest, damit du beides miteinander vereinst. Mein Freund *Tobias* (aus der KRYON-Gruppe) hat dieses Thema im vorletzten Channeling, das er bekannt gab, behandelt. Ich weiß, dass einige hier es gelesen haben, deswegen sage ich es. Ich möchte euch auch ermuntern, diese Botschaften von Tobias zu lesen und in euch aufzunehmen. Es ist eine andere Art und Weise, an gewisse Themen heranzugehen, und seine Arbeit ist geehrt und geliebt. (www.shaumbra.de)

Sage dir also: »Ja, ich habe meine dunkle Seite. Ich habe die Seite, die mir viele Erfahrungen beschert hat. Und ich ehre sie dafür, denn jetzt kann ich mir langsam anschauen, was es denn ist, dieses Lichte und dieses Dunkle. Ich kann es langsam ehren und vereinen und komme so immer mehr in meine Mitte hinein.« Das ist wichtig. Das ist das Ziel.

Ein weiteres Ziel ist es, dass du dich immer mehr mit deinem Höheren Selbst vereinigst. Es ist unerlässlich, und darauf reite ich jetzt ein wenig herum, weil diese Gruppe ja ganz gezielt zusammengeführt ist. Ihr seid Meister in der Lehre, so will ich einmal sagen. Ihr seid angehende Meister. Irgendwann werden viele Aufgestiegene Meister ihren Platz verlassen, den sie jetzt innehalten, und sich weiterentwickeln. Sie werden aus der Erde, aus diesem Bereich hier, heraustreten und ihren eigenen Weg gehen. Ihr werdet dann diejenigen sein, welche die Energie übernehmen und halten werden. Das ist das nächste Ziel. Ihr seid alte Lehrer, alte Weise aus Lemurien. Ein Lehrer kann vieles gewesen sein. Da will ich mich jetzt nicht festlegen, was es im Einzelnen war. Auf jeden Fall ist lemurische Energie stark in diesem Raum vorhanden. Ihr habt es gelebt. Ihr habt die Weisheit vor langer, langer Zeit gelebt und seid dann tief ins Vergessen gestürzt worden, in die Materie. Das macht diesen Planeten aus. Er ist einzigartig unter den elf Planeten hier in diesem dualen System, in diesem dualen Universum.

Und die Erde ist eine ganz besondere Wesenheit, denn die Erde ist lebendig. Die Erde ist ja keine Kugel. Diese Erde wird seit langer, langer Zeit dazu benutzt, natürlich mit ihrem Einverständnis, um den Menschen, um GOTT, um diesem Teil der Göttlichkeit die Möglichkeit zu geben, sich hier tief in der Materie zu erfahren. Das ist alles so gewollt und geplant. Und auch die Dinge, die nicht im Licht sind, gehören alle dazu. Auch die kommen aus der Quelle. Auch die Dunkelheit, die dunklen Aspekte, ist ein Teil von GOTT, und irgendwann werden die dunklen Aspekte sich wieder vereinen und es wird alles wieder Eins sein.

Also, ihr seid hier auf dem Planeten Erde mit lemurischer starker Energie in euch, und wir wollen versuchen, euch heute ein bisschen mehr in diese Zeit hineinzuschubsen, zu lenken. Nicht, weil wir wollen, dass ihr in der Vergangenheit lebt, das ist nicht unser Ziel, sondern weil wir möchten, dass ihr die Energie von Lemurien in euer tägliches Leben mit hineinnehmt. Es sind nämlich viele schlafende Potenziale, so will ich es ausdrücken, die diese Zeit ausmachen und die du in dir trägst. Diese Energien wollen langsam wieder gelebt werden. Was immer es auch für Attribute gewesen sind, vielleicht hast du dich mit Schwingungen und Tönen auseinandergesetzt. Vielleicht warst du im diplomatischen Dienst, vielleicht hast du das getan, was man heute als einen Richter bezeichnen würde, aber mit völlig anderen Kriterien. Vielleicht hast du Kinder begleitet. Vielleicht warst du im Heilungsdienst und hast das gemacht, was *St. Germain* heute auf einer anderen Ebene tut. Vielleicht warst du in vielen Tempeln und hast die Menschen geführt und gereinigt und geklärt. Vielleicht hast du dich den hohen Künsten der Musik gewidmet und die Menschen erfreut mit diesen Dingen, weil damals natürlich klar war, dass der Mensch sich geistig entwickelt, indem er all das tut.

Ihr hattet damals in der Hoch-Zeit nicht die Aufgabe, euch um das tägliche Leben zu kümmern. Das heißt, für eure Heimstatt war gesorgt und für die Ernährung ebenso. Lemurien hat eine ganz besondere Qualität, die nicht mit der, ich will das einmal so ausdrücken, machtbesesseneren Energie von Atlantis zu vergleichen ist. Selbstverständlich sind auch in Lemurien Intrigen gewesen. Es sind viele Dinge geschehen, die auch nicht nur in Liebe waren, besondern in den letzten Zeiten. Versucht, euch immer mehr mit dem Thema Lemurien auseinanderzusetzen und die guten Energien zu integrieren.

Die alten atlantischen Energien, die vielleicht noch einmal hochkommen und etwas mit Ängsten zu tun haben, solltet ihr entlassen und transformieren. Vielleicht sind es Untergangsängste oder Ähnliches, und ihr werdet an das, was damals geschah und nicht so schön war, erinnert. Transformiert diese Ängste. Aber das Lichte und Helle sollt ihr jetzt, in der Neuen Zeit, in der neuen Ära hochkommen lassen. Ich denke, ohne vermessen zu sein, dass, wenn ihr heute von hier gegangen seid, viel mit euch geschehen wird. Bittet die lemurischen Qualitäten, die euch ausmachen, jetzt an die Oberfläche zu kommen. Sprecht mit euren Meistern darüber und sagt ihnen: »Ich möchte gerne mehr darüber wissen. Ich möchte diese Qualitäten in mein tägliches Leben hineinbitten.« Ihr sollt es leben. Und ich sage es noch einmal: Es nützt nichts, nur zu lesen, Seminare zu besuchen, das alles zu wissen und es hier oben gespeichert zu haben. Sondern es geht jetzt darum, dass der Verstand langsam, ich will mal so sagen, in den

Griff genommen wird. Ihr bestimmt nämlich, was mit eurem Verstand passiert. Das gehört auch zur Entwicklung. Der Verstand bekommt ganz viele Informationen aus dem Äther.

Es sind unendliche Informationen um dich herum. Und die passieren immer wieder deinen Verstand. Das heißt, dein Verstand kann alles Mögliche anziehen und aufnehmen. Das Ziel ist, dass du deinen Verstand schärfst, dass du deinem Verstand deinen Willen aufzwingst. Denn *du* bestimmst, was mit dir passiert, also auch mit deinem Verstand. Und nicht der Verstand sagt dir, was du machen sollst.

In alten Zeiten, ich spreche auch vom Mittelalter, war es notwendig, dass der Verstand die Führung übernahm. Das ist aber jetzt vorbei. *Jetzt soll die Intuition, dein Höheres Selbst, die Führung übernehmen.*

So, und jetzt versuche immer öfter, deine Gedanken zu kontrollieren. Beobachte dich einmal einen Tag lang. Nimm dir einen Zettel und einen Stift und beschreibe, was sich da alles in deinem Kopf so abspielt. Du denkst vielleicht über ein Fußballspiel nach, dann kommst du vom Fußballspiel zum Essen, hast plötzlich eine Coca-Cola in der Hand und reist mit dieser Flasche wieder in die nächste Gedankenschiene. Beobachte, wie die Strömungen in deinem Kopf, in deinem Verstand sind und was es ist, was dich ständig tangiert, was immer wieder in dich hineinkommt.

Das Ziel ist: *Du sollst bestimmen, was dein Verstand annimmt und was nicht.* Das heißt, dass alle anderen Dinge, die dich ablenken, außen vor bleiben sollen.

Denn der Weg in die Neue Energie ist ja auch eine Zentrierung des Menschen. Du sollst dich auf das Wesentliche konzentrieren. Und du sollst das, was peripher ständig mit dir passiert, auch die Ablenkung, die von anderen Menschen kommt, ihre täglichen Dramen, nicht mehr so an dich heranlassen. Überlege einmal, was manche Menschen, auch Freunde von dir, um dich herum aus einer ganz kleinen Begebenheit machen, ein solches Drama, ein Szenarium, das in der Neuen Zeit nicht mehr notwendig ist. In der heutigen Zeit ist es wichtig, dich auf das Wesentliche zu konzentrieren und Probleme und Dinge, die in dein Leben hineinkommen, mit klarem Verstand, klarem Geist und mit deinem Herzen zu lösen. Du wirst bemerken, dass in der Neuen Zeit auch einige Freundschaften bröckeln. Das heißt, dass Menschen an deiner Seite nicht mehr da sein werden, weil du einfach empfindest, es passt nicht mehr. Und sie werden vielleicht auch von dir sagen: »Die redet plötzlich so, dass ich sie nicht mehr verstehe. Und was sie alles macht, das ist für mich auch nicht verständlich. Na ja, die dreht halt ein bisschen ab.« Dann lass es geschehen und sage dir: »Das ist auch nicht mehr meine Welt. Ich hab eine andere Welt um mich herum.« Und du wirst merken, je mehr du dich dafür öffnest, umso mehr Wesen wirst du treffen, die ähnlich denken und fühlen wie du. Das ist der Weg in die Neue Zeit.

* * *

Ich möchte mit dir jetzt ein kleines Experiment machen und dich bitten, zu Hause daran weiter zu arbeiten. Es ist sehr interessant.

Stell dir einmal Folgendes vor:

Es sind ja ganz viele Informationen, die hier im ätherischen Bereich für dich da sind. Dein Verstand kann alles Mögliche auffangen, was da so ist, von Frau Müller, von Herrn Schulze oder auch von anderen Planeten. Alles ist da. Du bist ja multidimensional. Du kannst alles in dich hineinlassen und auch hineinbitten.

Jetzt versuche einmal, dir klarzumachen, dass dein Verstand dir zur Zeit nur das anbietet und gibt, was du schon einmal erlebt oder gelesen hast, vielleicht auch noch etwas aus anderen Inkarnationen. Aber er versucht eigentlich, deinen Horizont so klein wie möglich zu halten. Du wirst dafür ständig mit anderen Dingen bombardiert, – Dinge, die du in der Zeitung liest, die im Fernsehen oder im Radio kommen oder die um dich herum passieren. Das nimmst du alles auf.

Nun ist es aber so, dass in deiner neuen Entwicklung der Verstand auch an den Höheren Geist herankommen kann. Stell dir einfach vor, dass der Verstand sich erweitern kann und du durch ihn an Informationen kommst, die multidimensional gespeichert sind. Man könnte sagen, es ist wie in einem großen Computer. Das hat auch etwas mit der Neuausrichtung des Magnetgitters zu tun.

Wir wollen uns für deinen Verstand ein ganz bestimmtes Thema aussuchen, zu dem er dir alles geben soll, was er oberflächlich gespeichert hat. Wir nehmen jetzt mal den Begriff »Schreibmaschine«. Dann schau bitte einmal in dich hinein, was dir dein Verstand bei dem Begriff Schreibmaschine anbietet. Fühle, was da kommt. Vielleicht hast du einmal einen Kurs belegt und hinterher gesagt: »Oh, war das furchtbar!« Vielleicht ist dir einmal eine Schreibmaschine heruntergefallen. Vielleicht hast du immer mit irgendwelchen Farbbändern experimentiert. Vielleicht kennst du das aber auch gar nicht mehr, weil du nur noch computermäßig arbeitest. In diesem Fall hat dein Verstand vielleicht Informationen, die du einmal darüber gelesen hast, wie es früher war mit der Schreibmaschine. So, und jetzt hast du die Möglichkeit – und das hat auch etwas mit deinem starken Willen zu tun – von deinem Verstand zu fordern, dass er seinen Horizont erweitert. Das heißt, du sagst ihm: »Die Information über den Begriff Schreibmaschine, die du mir gegeben hast, reichen mir nicht aus. Du hast noch mehr, was du darüber weißt.« Da musst du ihn vielleicht ein paar Mal zwiebeln. Aber wenn du das machst, dann wirst du merken: Es kommen noch andere Informationen über das Thema Schreibmaschine. Vielleicht weißt du dann auf einmal, wer sie erfunden hat. Vielleicht arbeitet man in einer anderen Zeitebene auch mit Schreibmaschinen, und du weißt plötzlich, wie. Ich will damit sagen, dass dein Verstand die Möglichkeit hat, wenn du ihn schulst, noch an ganz andere Informationen heranzukommen.

Das ist ein Attribut der Neuen Energie in der Neuen Zeit. Es erweitert sich immer mehr. Du bestimmst, was geschieht, nicht dein Verstand. Aber du musst ihn schulen. Du musst ihm klar sagen: »Mein Lieber, so will ich das nicht. Ich will das anders. Ich möchte nicht ständig bombardiert werden mit Informationen, die mich von meiner Bahn abbringen.« Denn bedenke noch einmal: die Erde erhöht ihre Schwingungen sekündlich. Es eilt alles, die Zeit rennt. Versucht, sie nicht mit irgendwelchen Kinkerlitzchen zu verschwenden. Das meine ich ganz ernst. Versucht ihr, die ihr den neuen Weg gehen wollt, mit aller

182

Konsequenz euch klar zu machen, dass es jetzt wirklich an der Zeit ist, sich mit all diesen göttlichen Gegebenheiten und Gesetzen auseinanderzusetzen.

Deine Führer und Meister stehen bereit und warten nur darauf, mit dir zu kommunizieren und dir zu erklären, was dein nächster Schritt ist. Vielleicht sollst du so etwas erleben, wie aus dem Körper herauszugehen. Vielleicht sollst du dich mehr mit Geistigen Welten auseinanderzusetzen. Vielleicht sollst du deine Träume genau anschauen. Du wirst feststellen, dass Träume – und das Wort Traum würde ich auch einfach einmal streichen – geistige Erlebnisse sind, die du nachts hast. Du wirst lernen, die Informationen, die du in den nächtlichen »Universitätsbesuchen« bekommst, mit in das tägliche Bewusstsein zu nehmen. Das ist eine wichtige Aufgabe eines angehenden Meisters. So sind viele Dinge zu erfahren, die du dir selbst holen musst aus der Geistigen Welt. Und dafür ist es unerlässlich, mit dir selbst zu arbeiten, sonst kommst du nicht weiter. Das ist ganz wesentlich und wichtig.

Liebe Freunde, wir machen jetzt eine kurze Pause. Dann will ich euch zu eurem Geistführer und vorher zu *Jesus Christus* führen.

Ich bin in tiefer Liebe und Verbundenheit, KRYON

* * *

Zur Erklärung: Barbara Bessen ist in der Pause die Treppen heruntergestürzt und erklärt vor dem zweiten Channelingteil Folgendes:

Also, das, was da eben geschehen ist, kann ich auch nicht erklären. Aber ich denke, KRYON wird dazu gleich etwas sagen. Ich bin da wirklich im wahrsten Sinne des Wortes von der Treppe heruntergestürzt (worden). Ich drehte mich noch um, wollte jemandem etwas sagen und fiel doch tatsächlich die gesamte Treppe hinab. Unten bin ich so aufgeknallt, dass ich dachte: »Jetzt ist alles vorbei.« So ein Gefühl hatte ich in mir. So schlimm war das. Ich dachte auch noch: »Das kann doch nicht wahr sein! Was hat das zu bedeuten? So ein Sturz mitten in einer Veranstaltung.« Und bekam auch noch in meinen Kopf hinein: »Du sollst die Liebe der Menschen annehmen.« Und: »Öffne dich für die Menschen!« Außerdem empfing ich, während ich da lag: »Das war eine gewisse Reinigung.«

Es geht mir jetzt wirklich gut, verhältnismäßig gut, danke. Das einzige, was ich merke, ist ein Schmerz an der Hüfte – dort, wo ich den Aufprall abgefangen habe. Da werden vielleicht noch ein paar Prellungen sein. Aber mein Herz ist klar und mein Kopf ebenso. Ich habe auch keine Schmerzen im Kopf. Die müsste ich eigentlich haben, weil ich da ganz schön aufgeknallt bin, und es hörte sich wirklich komisch an. Das ist ja interessant. Ich merke nichts. Aber ich sehe jetzt viel Lächeln um mich herum. Und ich denke, sie wollten uns damit vielleicht auch etwas zeigen, sonst wäre das jetzt nicht passiert. Ich bin sozusagen ein Instrumentarium gewesen. Und ich möchte mich bedanken für die viele Hilfe, die spontan von euch kam. Danke für den Talisman und danke euch beiden Heilerinnen für eure Energien. Ich fühle ganz große Heilenergien auch von euch anderen. Es ist schon komisch, etwas lädiert, aber irgendwie völlig klar hier zu sitzen und weiter zu channeln, als wäre nichts passiert. Danke, euch allen.

Gut, fangen wir wieder an. Ich hoffe es ist euch in der Pause gut ergangen, besser als mir, und ihr habt das alles noch einmal wirken lassen. Ich denke, es ist auch bei euch etwas passiert. Ich habe nur kurz mit einigen gesprochen, aber es kam ganz klar herüber, dass da ganz viel Herzensöffnung geschehen ist. Einige haben mir erzählt, sie hätten Maria gesehen und gefühlt. Sie will auch gleich noch mit uns sprechen. Ich schließe also wieder meine Augen und spreche leise ein Gebet, und ich bitte euch, vielleicht dasselbe zu tun. Und dann übergebe ich wieder an KRYON:

Liebe Freunde, ich bin wieder da. Ich bin natürlich nicht gegangen. Ich bin immer da. Ja, liebe Freunde, was war das eben, und was will es euch sagen? Außergewöhnliche Situationen erfordern außergewöhnliche Maßnahmen, so könnte ich das auch formulieren. Die Gruppe hier ist zusammengekommen, um unter anderem wachgerüttelt zu werden. Ich denke, das habt ihr in der ersten Hälfte auch schon gespürt. Ich habe viele Dinge ausführlich erklärt und immer wieder betont, die Zeit läuft. Es ist an der Zeit, dass ihr euch auch nach innen besinnt und mit euch selbst arbeitet. Das ist das Ziel, und so bedeutet das, was eben passiert ist, für meine Partnerin, dass sie mehr hinschauen, dass sie aufmerksamer mit sich sein soll. Sie hat ihren eigenen Lernprozess, so wie jeder von euch auch. Dann hat es auch die Bedeutung gehabt, dass ihr seht, wie es funktionieren kann, wenn so ein, doch relativ schlimmer Sturz, der mit einem Beinbruch hätte abgehen können, verhältnismäßig harmlosen Schaden anrichtet. Sie ist nämlich sehr kompliziert gestürzt. Wir haben diesen Sturz geleitet, wir haben sie gehalten. Wir haben sie aufgefangen, wenngleich jetzt noch einiges an ihr schmerzt. Das wird aber bald wieder vergehen. Wie sie es vorhin beschrieben hat, ist es korrekt; der Kopf ist auch vollkommen in Ordnung. Dafür wurde gesorgt. Es wurde aber noch etwas in ihrem Kopf neu ausgerichtet. Da möchte ich diesem Wesen, das hier ganz rechts an der Seite sitzt, herzlich danken für die Erkenntnis und auch für den Satz, den sie ausgesprochen hat. Selbstverständlich wurde noch etwas in Gang gesetzt. Ich will es einmal so ausdrücken: Es sind komplizierte Zusammenhänge, die jetzt näher zu erklären zu weit führen würden, komplizierte Zusammenhänge in der Statur eines Menschen. Da ist ein Teil, der im unteren Bereich sitzt und eng mit dem Gehirn verbunden ist. Wenn etwas in Gang gesetzt wird, dann kann es sein, dass dort ein Druck aufkommt und sich dann etwas befreit. Selbstverständlich hat meine Partnerin auch noch ihre Blockaden und ihre kleinen Muster, die sie Stück für Stück auflöst. Obwohl sie schon sehr viel daran gearbeitet hat und dabei auch schon sehr weit vorangekommen ist, ist nun etwas in Gang gesetzt worden. Das Wort »entwickeln« mag ich eigentlich nicht so gerne, aber es gibt kein passenderes dafür.

Natürlich hat es auch zu bedeuten, und das war auch sofort in ihrem Kopf: sie soll die Liebe der Menschen annehmen. Denn die Neue Zeit und die Neue Energie haben natürlich auch etwas damit zu tun, dass ihr euch zusammentun sollt. Einzelarbeit ist alte Energie. Ihr sollt euch gegenseitig unterstützen, euch dienlich sein und helfen. Selbstverständlich hat ein Channel auch seinen Entwicklungsprozess. Sich für den Menschen zu öffnen und zu erkennen: »Ich bin hier zwar als Channel Barbara und gebe die Informationen weiter, trotzdem sind die anderen, die hier im Raum sind, genau so weit auf ihre Art, genauso beschützt, geliebt und geführt wie ich auch.« Sie hat ihre Aufgabe, ihr habt eure Aufgabe. Und so war es denn eben eine Demonstration für euch alle, nicht nur für meine Partnerin.

Für euch war es eine Situation, um zu erkennen, zu sehen und zu kombinieren, wie ist es, wenn man in der Gemeinschaft miteinander arbeitet und wirkt. Hier floss reine Liebesenergie, und ganz spontan war Hilfe da, einfach Hilfe für den Nächsten. Diese Hilfe kann also von jemandem kommen wie zum Beispiel von meiner Partnerin, die so entwickelt ist, dass sie Energie und Informationen weitergeben kann. Sie kann aber auch von jemand unter euch kommen, der im richtigen Augenblick einfach nur da ist, seine Hand reicht und sieht, dass es dem anderen gerade nicht so gut geht, und sich fragt: »Was kann ich tun? Was kann ich in Gang setzen, um zu helfen? Wo können wir alle unterstützen?« Die Neue Zeit und die Neue Energie sind wirklich dafür da, sich zusammenzutun. Einzelarbeit, Einzelkämpfer sind nicht mehr gewünscht. Das macht keinen Sinn, denn ihr seid ja alle miteinander verbunden. Es ist die göttliche Energie, die euch verbindet. Ihr seid letztlich und endlich alle Schwingung. Und das, was hier geschehen ist, ist, dass sich das Licht und die Energie hier als Materie manifestiert haben. Ihr seid multidimensionale große Lichtwesen. Und was hier geschieht, ist die Ausbreitung der Liebe. Ich spreche von der 1 : 1 Heilung, wie in meinen Schriften. Das muss geschehen, damit sich die Menschen entwickeln, durch einen zum anderen. Ich bin nur derjenige, der es euch anreicht. Ich habe heute etwas in Gang gesetzt, auch das, was eben geschehen ist. Damit ist auch eine Herzensöffnung verbunden, damit habt ihr vielleicht auch einmal gesehen, wie einfach es ist, einem Menschen zu helfen und ihn wieder aufzurichten. Es hat die Öffnung eurer Herzen in Gang gesetzt – *bei allen von euch ist dieses geschehen*.

Schaut in euch hinein, öffnet euch für den Nächsten, versucht aber, zuerst euch selbst zu klären. Das ist wichtig, denn man kann nicht für andere dienlich sein, wenn man nicht selbst schon mit sich im Reinen ist. Du musst mit dir selbst im Reinen sein, dich klären, Kontakt haben mit dir, deinen Geistführern und deinem Höheren Selbst. Das ist das Ziel. Und wenn du dich dann immer mehr entwickelst, wirst du auch merken, dass dein Dienst für den Nächsten ein ganz anderer sein kann. Du bist dann stark in dir, und du setzt die Energie weiter fort. Wenn du mit der Neuen Energie und mit dem, was noch dazu kommt, einen Raum betrittst, dann wirst du merken, der Raum wird heller. Er wird ganz einfach heller, weil du mit deinem Licht wie ein Leuchtfeuer hineinkommst und strahlst. Du zeigst den Menschen durch dein Leuchten den Weg.

Vielleicht ist das für einige sichtbar, äußerlich sichtbar, indem sie sagen, sie sehen um dich herum bestimmte Farben, bestimmte Energien. Vielleicht ist es aber auch so, dass du einfach durch deine Kraft etwas in Gang setzt. Du öffnest vielleicht einem Menschen das Herz. Und du kannst dann auch noch durch Gespräche viel bewirken, indem du zum Beispiel etwas sagst über die Neue Energie, ob es nun meine Botschaften sind oder die von *Maria* oder *Michael* oder von *Jesus Christus*. Wir sind ja alle in der gleichen Sache, im gleichen Thema unterwegs.

188

So kannst du, so kann jeder von euch, das machen, was ich die 1 : 1 Heilung nenne, also von einem Menschen zum anderen die Energie und all die Dinge weiterzugeben. Das ist angemessen für die Neue Zeit. Seid zusammen, tauscht euch aus, geht gemeinsam in die Meditation, geht wirklich in Gruppen, fühlt euch zusammengehörig.

Es gibt auch Menschen unter euch, die keine andere Funktion haben, als Menschen zusammenzuführen. Die einfach sagen: »Ich würde ja gerne heilerisch tätig sein. Ich würde gerne das und jenes machen.« Es ist aber vielleicht gar nicht ihre Aufgabe, sich äußerlich mit diesen Dingen zu beschäftigen, sondern sie sollen einfach ein Kanal sein, um Menschen zusammenzuführen. Eine Hand, die andere zusammenführt. Ihr kennt euch untereinander, und ihr könnt miteinander weiterarbeiten. Dann geht ihr vielleicht in die nächste Gruppe, trefft andere Menschen und führt diese wieder zusammen. So ist das, was wir die 1 : 1 Heilung nennen. Und so funktioniert es auf diesem Planeten.

Wir möchten nicht gerne über Fernsehsender kommunizieren und die Botschaften so weitergeben. Das ist nicht unsere Aufgabe. Wir geben sie in Büchern weiter, das ist korrekt, aber wir wollen auch gerne direkt zu den Menschen sprechen. Deswegen werden natürlich auch immer mehr Channels aktiviert. Channels, die reinen Herzens sind und die Energie wirklich so weitertransportieren, wie es für ein Medium, das nicht in Trance fällt, überhaupt möglich ist. Denn selbstverständlich ist es auch bei meiner Partnerin so, dass sie ihre persönlichen Worte wählt. Wir haben sie ausgesucht, weil die Wortwahl, die sie benutzt, so ist, wie wir es brauchen, um das zu transportieren, was transportiert werden soll. Und natürlich ist es so, dass viele andere Dinge auch eine Rolle spielen. Es ist heute nicht mehr notwendig, in Trance zu fallen. Ihr sollt, wenn ihr medial veranlagt seid und Botschaften weitergebt, klar sein, rein sein, und ihr sollt offen sein. Ihr sollt nicht »weggefallen« sein, sondern ihr sollt einfach da sein und die Menschen auch anschauen. Meine Partnerin könnte eigentlich mit offenen Augen channeln, sie muss die Augen gar nicht schließen. Sie tut es aus zwei Gründen: Einmal, weil die Menschen es erwarten, dass sie die Augen schließt; und zum anderen, weil ihr denkt, sie könnte sich sonst nicht konzentrieren. Aber sie kann ebenso gut hier an die Wand schauen und würde genauso channeln können.

Ja, liebe Freunde, ich möchte jetzt gerne noch ein bisschen über *Deutschland* erzählen. Ich möchte mit euch darüber sprechen, was hier jetzt geschieht in diesem Lande. Einige von euch kennen das schon, ich will es aber dennoch tun, weil es so wichtig ist für diese Zeit, Ich möchte auch dieses sogenannte *»Hartz IV«* streifen und darüber etwas sagen, wie das alles zu verstehen ist.

Du wirst dich vielleicht fragen: »Warum bin ich eigentlich in diesem Land inkarniert, in diesem Land Deutschland? Was soll ich hier? Warum bin ich hier? Warum bin ich nicht in China, in Mittelamerika oder woanders inkarniert?«

Du bist hier inkarniert, in diesem Land, um deine Energien hier zu manifestieren, denn du bist ein alter Lemurier und hier in diesem Land schon oft inkarniert gewesen. Selbstverständlich warst du auch woanders, um deine Lern-

190

aufgaben zu erfüllen. Aber du bist hier inkarniert, hier in diesem Land, in dieser deutschen Zone, so will ich es einmal aussprechen, obwohl das Wort Zone bei euch aus der Berliner Vergangenheit negativ belegt ist. Ich spreche aber von Zone, weil ich auch einen Teil von Österreich, der Schweiz, der östlich angrenzenden Länder oder auch von Dänemark, Belgien und Frankreich meine. So spreche ich also von einer bestimmten Zone. Und diese Zone ist mit Atlantis verbunden. Aber nicht nur mit Atlantis, sondern auch mit vielen, vielen Dingen, die hierher transportiert wurden, die hier gesammelt wurden, auch mit viel Wissen, das sich hier angesammelt hat. Das Wesen, das ihr *Rudolf Steiner* nennt, hat das gewusst, und er hat auch schon dementsprechend gearbeitet. So könnte man es sehen.

Dann ist in diesem Land auch etwas gespeichert, das mit Urvölkern zu tun hat. Hier sind viele Urvölker durchgezogen und haben sich, ich will es einmal so sagen, zum Teil auch hier eingegeben, manifestiert. Hier ist sehr viel geistiges Wissen im Morphogenetischen Feld gespeichert, das jederzeit abgerufen werden kann. Stellt euch vor: Es ist durchaus möglich, dass hier jemand im Raum sitzt, der bahnbrechende Erfindungen gemacht oder sehr schöne philosophische Schriften vor langer Zeit geschrieben hat. Und stellt euch ebenfalls vor, dass er jetzt vielleicht seine eigenen Schriften wieder in die Hand bekommt und freudig liest. Er ehrt den Dichter, ohne zu ahnen, dass er es selbst war. Ist das nicht eine verrückte Vorstellung? Vielleicht hast du ein Buch in der Hand, liebst es sehr und denkst: »Oh, es ist eine wundervolle Geschichte. Hier stehen sehr schöne Sachen«, ohne zu wissen, dass *du* es gewesen bist, der es vor langer Zeit geschrieben hat. Selbstverständlich hast du es auch empfangen aus der göttlichen Welt. *Denn es gibt nichts, was in deinen Geist hineinkommt, in deinen Verstand und in dein Herz, was nicht irgendwo im geistigen Bereich gespeichert ist.* Es ist alles letztlich und endlich schon da. Und du bist vielleicht ein Wesen, das jetzt aktiviert wird. Du kommst wieder in deine alte Kraft hinein.

Und du bist hier inkarniert, in diesem Land, um dich wieder mehr mit diesen Energien auseinanderzusetzen und dafür Sorge zu tragen, dass hier ganz viel Kraft und Stärke ist, in jeglicher Form. Das kann in der Form sein, dass du wichtige Botschaften weitergibst, wichtige technische Botschaften vielleicht. Das kann aber auch sein, dass du mit deiner philosophischen Ader die Menschen im Herzen berührst, oder dass du einfach dafür sorgst, dass die Herzen geöffnet werden in tiefer Liebe. Alles ist möglich.

Stell dir einfach vor, hier in diesem Morphogenetischen Feld ist ganz besonders viel gespeichert. Nun ist hier über Berlin noch etwas Besonderes verankert. Einigen von euch ist es bereits bekannt. Ich sage es aber für die, die es noch nicht wissen:

Über dem ätherischen Bereich von Berlin ist ein Teil des Violetten Strahles manifestiert. Er wird gehalten von dem *Elohim Akturus* und ist der Aspekt *Freiheit.* Und das, was hier geschehen ist mit dem Mauerfall, ist natürlich kein Zufall. Es ist nicht von menschlicher Hand geplant gewesen und auch nicht ausgeführt. Die Menschen haben einiges dazugetan, weil sie Informationen und Impulse erfahren haben, aber es ist im geistigen Bereich eingeleitet worden. So müsst ihr das verstehen. Und nun ist hier über diesem Bereich Berlin durch diesen Tempel viel Kraft- und Klärungspotenzial. Viele, viele Menschen leben hier, es ist ein Konglomerat an Wesen mit verschiedenen Erfahrungen anderer Länder. Menschen aus verschiedenen Ländern mit unterschiedlichen Einstellungen, mit zum Teil auch bornierten und festgefahrenen Einstellungen, aber auch mit neuen Ideen. Und hier leben Menschen mit der Kraft und Energie, gewisse Dinge in neue Bahnen zu lenken. Und das ist hier, in diesem Land, in dieser Stadt Berlin, in diesem Umfeld ganz besonders manifestiert. Berlin ist das Land in der ganzen Zone, von der ich sprach, in der vieles passiert, wo vieles in Gang gesetzt wird. Dass jetzt hier die Regierung wieder sitzt, ist natürlich auch kein Zufall. Es gehört zum göttlichen Plan. Hier werden sich bahnbrechende Dinge langsam weiter durchsetzen, um sich dann im gesamten deutschsprachigen Raum weiter zu manifestieren und in anderen europäischen Ländern. Das ist das Ziel.

Jetzt wirst du vielleicht auch verstehen, warum du hier inkarniert bist, warum du vielleicht in Berlin lebst, warum du nicht vorher schon in Berlin warst und vielleicht erst jetzt hierher gekommen bist. Oder warum du Berlin irgendwann vielleicht wieder verlassen wirst. Du erfährst hier eine Transformation, nimmst viel Neues auf, um dann in andere Gebiete zu gehen. Dort wirst du dein Wissen, dein Gefühl, deine Herzensenergie an andere weitertragen. So sind wir wieder bei der 1 : 1 Heilung, von einem Menschen zum anderen. So ist dieses Land Deutschland zu verstehen, als eine geistige Erneuerung für Europa. Nicht politisch. Es wird sich politisch sicherlich auswirken, aber hauptsächlich ist das geistig zu verstehen. Das ist der Weg.

So, und jetzt möchte ich noch einen kleinen Schlenker machen und euch einmal erklären, wie *Hartz IV* zu verstehen ist. Selbstverständlich ist das, was euch die Politiker da anbieten, nicht das, worum es wirklich geht. Und es ist auch nicht die Lösung. Ich kann euch nur sagen: Schaut genau hin, was es ist, und versucht, euch damit einmal näher auseinanderzusetzen. Es bringt nichts, sich aggressiv an gewisse Institutionen zu wenden, aggressiv zu reagieren, sondern es wäre sinnvoll, weise zu agieren, sich anzuschauen, was diese Entwicklung bedeutet. Es ist schon wichtig, sich aufzulehnen und auch zu sagen: »Damit sind wir nicht einverstanden. Es ist nicht so, wie es sein soll, wenn sich etwas transformieren muss.« Wo etwas Neues entstehen will, muss das Alte natürlich erst einmal weichen und zusammenbrechen. Eure Versicherungen werden zum Beispiel weiter »wackeln«. Vieles wird sich auflösen. Mancher wird in die Angst hineingehen. Aber das ist natürlich genau das Verkehrte, weil die Angst Dinge erzeugt, die nicht gewünscht sind, unter anderem alte Energie.

Es ist so, dass ihr einfach versuchen sollt, euch das Angebotene kritisch anzusehen. Zu gucken, was es in Wirklichkeit ist, ruhig auch aufzustehen und zu sagen: »Nein, das ist uns nicht dienlich.« Und zu erkennen, dass der Mensch sich wandeln muss. *Es muss eine menschliche Lösung geben.* Es ist eigentlich ein Aufruf, ein Wink, wie dieser kleine Unfall eben auch als Aufruf zu verstehen war, um euch wachzurütteln, damit ihr euch fragt: »Wie kommen wir wirklich weiter? Wie ist das Ziel zu verstehen?«

So ist eben dieses Hartz IV auch eine Möglichkeit, zu erkennen, was hier passiert. Es soll die Zusammenführung der Menschen zur Menschlichkeit sein. Es braucht keine Flutkatastrophen (gemeint ist die in Ostdeutschland), damit die Menschen zusammenhalten und sich untereinander dienlich sind. Das, was hier eben bei diesem kleinen Unfall geschah, dass plötzlich Menschen da waren in Liebe, ob sie die Hand meiner Partnerin gehalten haben oder Zuspruch gaben, so ist es auch für alle anderen Gegebenheiten zu verstehen.

Für alle, die von dieser Sache, von Hartz IV, betroffen sind und Kürzungen hinnehmen müssen, wird es schwerer. Weniger Geld ist in der Tasche, der Ernährungskorb wird nach oben gehoben, viele Versicherungen können nicht mehr bezahlt werden. Nun fragt euch vielleicht auch einmal: »Brauche ich alle diese Versicherungen?« Und ihr werdet sagen: »Was für eine Frage.« Ihr habt jahrzehntelang ja großen Wert gelegt auf eine staatliche Absicherung, auf Sicherheit generell. Gerade ihr hier in diesem Land, das sehr viel unterstützt wurde aus dem westlichen Bereich. Von dort bekamt ihr dieses Gefühl der Unterstützung, was damals auch sehr geehrt war. Ich spreche von den Paketen nach dem Krieg. Aber aus diesem Bereich kamen auch andere Dinge zu euch, die euer Leben prägten.

Es ist jetzt auch da an der Zeit, in die Eigenständigkeit hineinzukommen und in die Eigenverantwortlichkeit. Es ist an der Zeit, einmal zu schauen: »Was macht das hier alles mit mir? Was brauche ich wirklich, um glücklich zu sein und in Frieden mit mir zu leben?«

Das ist mit Sicherheit nicht nur die finanzielle Absicherung. Ich spreche jetzt nicht nur von euch, die ihr hier sitzt. Ich weiß, dass ihr euch schon sehr kritisch entwickelt habt, ich spreche von denen, die euch tagtäglich begegnen. Ihr seid ja in irgendeiner Form Lehrer, ihr seid alte Lemurier. Und die Menschen wollen eure Botschaften hören, wollen eure Hilfe haben und wollen wissen, was jetzt zu tun ist. Gebt es weiter.

Jahrzehntelang hat man euch erzählt, was ihr braucht, um glücklich zu sein: Sei es ein bestimmtes Auto, eine bestimmte Schokolade oder Gebrauchsgegenstände, die unbedingt zu euch kommen sollten, damit es euch denn gut ginge. Das will nun alles hinterfragt werden. Das ist etwas, das euch aufrütteln soll, dieses Hartz IV. Schaut genau hin, was ihr zum Glücklichsein braucht. Und verbindet dieses Schauen auch mit der Tatsache, dass ihr multidimensionale Lichtwesen seid.

Es ist sicherlich nicht leicht, mit weniger Geld in der Kasse auszukommen, das will ich nicht bestreiten. Aber wir sind auch nicht dafür da, ich möchte es einmal so sagen, euch hier den Koffer mit Gold auszuschütten. Dafür sind wir nicht gekommen. Das ist nicht meine Aufgabe, und ich werde auch nicht euren Brotkorb füllen. Das kann und will ich nicht tun. Das ist nicht mein Dienst. Aber wir sind gekommen, um euch zu sagen: Schaut euch das Ganze einmal genau an!

Nun wirst du vielleicht sagen: »KRYON, du hast gut reden, du musst nicht hier auf der Erde sein und das alles tun, was ich tun muss.«

Ja, das mag wohl sein. Aber ich kann euch ermutigen und sagen, dass demjenigen, der sich immer mehr nach innen begibt und mit sich arbeitet, gezeigt wird, worum es im Grunde genommen geht. Da werdet ihr das finden, was euch erfüllt, was euch wirklich erfüllt. Und derjenige, der sich immer mehr in diese Richtung begibt, wird auch in Fülle sein. *Erkennt die Zusammenhänge!*

Wenn du materiell nicht in Fülle bist, dann hat das auch etwas mit dir zu tun. Dann bist du es dir vielleicht noch nicht wert. Vielleicht sind da alte Verbindungen, alte Vergangenheiten, die dich daran hindern, ganz mit dir im Klaren zu sein und bereit, die Fülle in dir aufzunehmen. Denn GOTT hat überhaupt nichts dagegen, dass ihr in Fülle seid, sei es in Friedensfülle oder auch in Geldfülle.

Jetzt gehe du einmal in dich hinein und frage dich: »Warum bin ich denn nicht in Fülle? Was ist denn mit mir noch nicht im Klaren, im Reinen, sodass ich noch nicht in Fülle sein kann?« Und du wirst bemerken, je mehr du die geldliche Fülle loslässt und einfach davon ausgehst, dass du sowieso in Fülle sein wirst, je mehr wird auf dich zufließen. Lass doch einfach los, öffne dich und sage dir: »Es wird schon so sein, wie es sein soll. Ich bin im Moment ja im Lernprozess. Ich bin in der Lehre zum Aufsteigenden Meister. Und ich habe bestimmt noch gewisse Dinge zu erledigen. Deswegen bin ich noch nicht in Fülle.«

Einige von euch hier im Raum tun bereits das, was sie wirklich tun wollen. Sie sind in ihrer Erfüllung, sie sind in ihrer Lebensaufgabe, sie werden weiter wachsen. Vielleicht bist du wirklich eine Heilerin und sagst dir: »In meine Praxis könnten ruhig noch mehr Leute kommen. Das wäre gut, dann könnte ich besser leben.« Warte einfach, es wird geschehen. Und das kann für eine jegliche

Art von Heilern zutreffen, wie ich es vorhin schon sagte. Das kann eine Mutter sein, die Indigo-Kinder betreut, aber auch eine Großmutter oder ein Lehrer. Es wird auf euch zukommen. Ihr werdet irgendwann in eurer Kraft sein und das geben können, was die Menschen brauchen. Dann wird automatisch auch die Fülle zu euch fließen. Ich spreche auch vom Geld. Versucht einmal, die Zusammenhänge zu sehen.

Geht also in euch hinein und klärt das, was noch zu klären ist. Und seid einfach bereit, euch für diese Neue Zeit zu öffnen. Eines ist doch wirklich erkennbar: Wenn ihr euch transformiert, wenn ihr in die Neue Energie geht, dann muss sich dieses Land natürlich auch transformieren. Es wird sogar federführend sein in seinen revolutionären Änderungen. Nicht jetzt und auch nicht so, wie es im Moment aussieht. Das ist nicht der Weg. Die Indigo-Kinder werden vieles in die Hand nehmen. Nicht von heute auf morgen. Das wird sich in den nächsten Jahren langsam entwickeln. Und es wird auch so sein, dass vor der nächsten Wahl plötzlich eine Partei aus der Erde sprießen wird, in tiefer Liebe und Wahrheit und verbunden mit den Menschen. Es sind sehr viele junge Leute, die ganz andere Denkweisen haben und die das verkörpern, was wir euch hier in diesen Channelings immer erzählen. Die das alles schon leben und auch beauftragt sind mit göttlicher Kraft, es hier umzusetzen in dieser Zone, in diesem Lande. *Erkennt den Zusammenhang.*

Es gibt viel zu tun in dieser heutigen Zeit, sehr viel. Und ihr müsst es einleiten. Ihr, die ihr alte Lemurier seid und alte Lehrer, erkennt euch, setzt eure Energien ein für andere Menschen und für euch selbst. Klärt euch, geht euren Weg und macht euch so zu dem, was ihr seid: zu einem multidimensionalen Lichtwesen.

Jetzt machen wir eine kurze Pause. Ich bin in tiefer Liebe und Verbundenheit, KRYON.

Ende der Pause

KRYON spricht weiter:

Ich freue mich, heute einen besonderen Gast begrüßen zu dürfen. Mutter Maria ist heute zu uns gekommen. Ich werde das Zepter übergeben. Es spricht jetzt zu euch Maria:

Auch ich bin in tiefer Liebe gekommen und halte euch heute die Hand. Ich bin schon eine ganze Weile hier und beobachte euch und schaue in euch hinein. Ich sehe die Vergangenheit und die Schmerzen. Ich sehe die Narben in euren Herzen. Ich sehe eure Kindheit, und ich sehe Begebenheiten, manchmal waren sie durch einen Partner, ein Geschwisterteil oder durch jemand anderen, der euch schwer verletzt hat, ausgelöst. Nicht nur einmal, sondern viele Male. Ich sehe verschlossene, leicht verschlossene Herzen. Im Moment ist euer Herz ein bisschen mehr geöffnet. Wenn ihr aber heute nach draußen geht, kann es durchaus sein, dass es, schwupp, wieder zugeht.

Ich bin gekommen, um ein wenig Liebe und Linderung in dieses Herz hineinzugeben. Und ich möchte euch jetzt bitten: Fühlt in euer Herz hinein. Ich habe heute und in den vorherigen Tagen schon an einigen von euch gearbeitet. Und ihr habt das auch gemerkt. Ich bin heute hier, um euch zu sagen: Es darf gehen, was euer Herz bedrückt. Es muss nicht mehr bei euch sein. Diese Zeit, in der ihr lebt, ist eine wunderbare Zeit. Es ist eine Zeit der Klärung und Reinigung. Ihr werdet euch immer weiter öffnen können. Und ich, aber nicht nur ich allein, sondern die gesamte Sananda-Energie helfen euch dabei, diesen Weg zu finden. Meine Spezialaufgabe ist, mütterliche Liebe zu geben. Ich sehe einige im Raum, die haben diese mütterliche Liebe nicht genießen können. Sie war einfach nicht da. Es war keine Mutter da. Es war jemand anderer da, der euch großgezogen hat. Das, was ihr von Anbeginn der Geburt und auch vorweg natürlich schon im Mutterleib erfahren solltet, die Liebe, die mütterliche Liebe, ist euch nicht gegeben worden. Und für die unter euch, für die es zutrifft, möchte ich jetzt einen großen Schwall an Liebe, an mütterlicher Liebe, versenden. Ich möchte euch anbieten: Ruft mich jederzeit an. Ich bin immer da. Ich kann euch in den Arm nehmen, euch wiegen, euch nachts zudecken. Wann immer die Sorgen nach oben kommen, wann immer die Einsamkeit an die Tür klopft, ich bin da und helfe euch. Ich halte meine Hand über euch im täglichen Leben, und ich bin auch da, um die Tränen zu trocknen. Das ist meine Aufgabe.

Vielleicht hast du keine mütterliche Liebe erfahren und bist selbst jetzt in der Situation, dass du entweder ein Kind hast oder eines bekommst oder aber, dass du als Oma jetzt deinen Liebesdienst aufnimmst. Du hast es vielleicht auch nicht geschafft, die Liebe an dein eigenes Kind weiterzugeben. Auch das gehört zu alten Mustern. Stell dir einfach vor, dass du diese Inkarnation, wie mein Bruder KRYON es immer beschreibt, voll gepackt hast mit Dingen, die du noch *lernen wolltest, die in deinem Repertoire noch nicht vorhanden waren. Dazu gehörte möglicherweise auch, mütterliche Liebe nicht zu erfahren.*

Sei also gewiss, es darf jetzt gehen. Zaudere nicht, schau nicht zurück und sage auch nicht: »Oh, es ging mir so schlecht in meiner Kindheit.« Das ist vorbei. Schau ins Jetzt! Schau nach vorn und orientiere dich an der Liebe. An der Liebe, die dir jetzt zufließt durch uns, die wir dir so nahe sind. Es ist nicht mehr notwendig, ein Opfer zu sein. Du musst nicht mehr leiden und traurig sein und sagen: »Ich habe die Liebe nicht erfahren.«

Vielleicht hast du die Liebe auch nie bei einem Partner erlebt und sagst dir: »Wie kommt es denn, dass ich in diesem Bereich nie Glück hatte? Ich bin ihr nie begegnet, dieser Liebe.« Vielleicht darf ich da ein wenig glätten, etwas ausgleichen und dir sagen, warum du die Liebe nicht angezogen hast. Denn dass du sie nicht erfahren hast, hat nicht nur etwas mit deinem Lernprogramm zu tun, sondern auch damit, dass du durch deine Erfahrungen die Liebe nicht hineingelassen hast. Du hast den Partner nicht angezogen, du hast ihn an dir vorbeiziehen lassen. Oder du hast andere angezogen, die nicht in voller Liebe waren. Das waren die negativen Erfahrungen, die du gesammelt hast.

Jetzt ist die Zeit, loszulassen. Lass es einfach los! Gib es ab, lege es in meine Hände. Ich nehme es gerne an. Ich nehme gerne deinen Schmerz, sei er nun mangels Mutterliebe oder mangels Partnerliebe entstanden. Was immer du loswerden möchtest, lege es in meine Hände. Ich nehme es. Ich lege es in den Schoß des Vaters. Er wird es reinigen und dir andere Energien schicken. Energien, die dich befähigen, nun all diese Dinge wieder zu erfahren, vielleicht auf eine andere Art und

Weise. Öffne dein Herz für die Liebe, für die allumfassende Liebe. Ich fülle dein Herz da auf, wo es notwendig ist.

Ich möchte euch jetzt alle bitten: Fühlt einmal ganz intensiv in euer Herz hinein. Jeder von euch bekommt nun einen Schwall göttlicher Liebe.

Es sind ein paar Menschen im Raum, bei denen das Herz noch ziemlich verschlossen ist. Da will ich versuchen, meinen Spezialschlüssel anzusetzen und ihn umzudrehen, um euer Herz zu öffnen. Ich möchte euer Herz für das Neue öffnen, für das, was kommt. Denn es ist eine wundervolle Zeit, in die ihr jetzt hier inkarniert seid. Es ist eine Zeit des Umbruchs und des Erkennens. Eine Zeit voller Wunder. Du darfst dich jetzt selbst so leben, wie du bist. Es ist eine Möglichkeit, dich zu klären und dich zu entwickeln wie nie zuvor. Wir alle, die wir in der Sananda-Gruppe arbeiten, stehen an deiner Seite. Fühle dich beschützt, fühle dich geliebt und sei dir darüber im Klaren, dass es überhaupt keinen Grund mehr dafür gibt, nicht in Liebe zu sein. Entlasse all deine alten Dinge. Ich werde sie transformieren. Du wirst heute anders gehen, als du gekommen bist. Liebe soll dein Herz durchströmen und ich sage dir noch einmal: Rufe mich jederzeit an, wenn irgendein Problem dein Herz bewegt. Ich stehe gerne an deiner Seite und schenke dir tröstende Worte.

Ich bin Maria.

Anmerkung: Es ist eine sehr gefühlvolle Stimmung im Raum. Einige Tränen sind geflossen. Mit diesen Gefühlen gehen wir in die Pause.

Ende der Ausschnitte des Channelings in Berlin.

KRYON-Channeling Januar 2005 zur Situation: Die Veränderung der Erde, die Flutkatastrophe Weihnachten 2004 in Südostasien

Liebe KRYON-Freunde.

Der Grund unseres heutigen Zusammentreffens ist nicht fröhlicher Natur – obwohl alle Botschaften, die ich oder andere Freunde des Lichts an euch weitergeben, immer lichtvoll und freudvoll sind. Erlaubt mir zu sagen, dass ich verstehe, dass ihr die aktuellen Vorkommnisse der Erde mit traurigen Augen betrachtet. Ich sehe eure Angst, euer Entsetzen, euer Unverständnis und euer Mitgefühl. Alles ist angemessen. Es ist das, was ihr gewohnt seid zu empfinden, wenn solche Ereignisse in eurem Umfeld eure Aufmerksamkeit erreichen und erfordern.

Diese Naturkatastrophe, wie ihr es nennt, ist eine von vielen Vorkommnissen, die mit der Umstrukturierung der Erde zu tun haben. Es ist für den Planeten Erde angemessen, sich nun zu reinigen und zu klären. Betrachtet ihr, die ihr meine Schriften – und auch die anderer jenseitiger Lichtwesen – zum Aufstieg der Erde gelesen habt, diese Vorkommnisse mit doppelten Augen. In einem Auge habt die Liebe und das Mitgefühl. Schaut mit liebendem Auge auf die Menschen, die dort diese Erfahrungen machten. Ehrt die Seelen, die gegangen sind, und sendet Licht zu denen, die jetzt ohne Dach über dem Kopf, mit Verwun-

203

dungen und viel Schmerz durch die Verluste ihrer Lieben dort ihr Leben, ihr irdisches Leben weiter fortführen.

Mit dem anderen Auge schaut euch den Hintergrund dieses Szenarios an. Es ist die Umarbeitung der Mutter Erde, dieses wunderbaren Planeten, des Schulungsplaneten, der zurzeit euer Zuhause ist. Versucht, all das Geschehene mit dem Blick eines weisen Wesens, einer alten Seele zu betrachten. Du, der du schon seit langem dabei bist, dich zu entwickeln und auf dem Weg der Meisterschaft bist, du weißt, warum dieses geschieht. Die Erde geht in eine neue Umlaufbahn, das ist euch bekannt. Und die Erde und der Mensch beschreiten nun einen neuen Weg. Es ist der Weg, den die alten Weisen als das »Goldene Zeitalter« bezeichnen. Es war auch nachzulesen in alten, immer gültigen Channelings, dass Dinge durch die Elemente geschehen werden, die nicht angenehm für euch Menschen sein würden.

Gebt als fühlende menschliche Seelen Licht und Liebe in das Gebiet der Not, unterstützt mit Rat und Tat das geschundene Erdgebiet und seine Bewohner. Und seht es aber dennoch als eine Tatsache an, die im göttlichen Plan vorgesehen war. Auch das wurde euch in vielen Botschaften vorausgesagt. Seid versichert, dass die Seelen, die gegangen sind, einen Vertrag geschlossen hatten, so der Erde und dem Universum zu dienen, indem sie diesen Planeten auf diese Art verlassen.

Wir sprachen auch oft schon darüber, dass immer mehr Seelen, die die erhöhten Schwingungen hier nicht vertragen, gehen werden. Es sind vielleicht die, die schnell wieder zur Erde mit erhöhten Schwingungen zurückkommen, um hier hilfreich anderen zur Seite zu stehen und mit ihrem Licht Berge zu versetzen. Unter anderem helfen sie den Indigos, den Kindern, die federführend – auch in Europa und hier in Deutschland – helfen, Neuerungen herbeizuführen, notwendige Veränderungen einzuleiten und zu unterstützen. Veränderungen für soziale Bereiche, Wirtschaft und Politik. Versteht, liebe Freunde, es ist im göttlichen Plan enthalten. Die Seelen, die gingen, wurden liebevoll auf der anderen Seite des Schleiers empfangen. Viele geistige Helfer standen schon gut vorbereitet da, um die erschöpften Seelen zu geleiten und zu betreuen. Sie werden teilweise bereits auf die nächste Inkarnation in Liebe vorbereitet.

Diese »Katastrophe« hat viele Aspekte, nicht nur die physische Transformation der Erde und der Menschen. Genauer betrachtet hat dieses Geschehen allen Seelen, die, wie ihr auch, daran teilhaben, die Möglichkeit gegeben, Veränderungen in den betroffenen Gebieten einzuleiten. Betrachtet die Region: Was gilt es dort wieder aufzubauen? Tourismus, wie es die westlichen Besucher lieben? Vielleicht gilt es, diese Wiederherstellung der Arbeitsmöglichkeit der dortigen Menschen auf eine ihnen gerechter werdende Lebensweise zu tun. Geehrt seid ihr, die ihr die Möglichkeit habt, so zu leben, wie ihr es für richtig haltet. Überdenkt, dass dort an vielen Stellen die hastige westliche Auffassung der Besucher die traditionelle Lebensweise ein wenig verdrängt hat. Hier ist es selbstverständlich vorerst wichtig, mit dem zu helfen, was die Menschen dort wirklich brauchen: Humanitäre Hilfe aller Art, menschliche Liebe, Verständnis und Erkenntnis, dass Zusammenhalt in diesen Zeiten wie physische Nahrung ist. Sie erhält das Licht des Menschen.

Ist euch aufgefallen, dass in einem der betroffenen Gebiete vielleicht bald endlich Frieden eintreten kann? Das gemeinsam erlittene Leid hat die Herzen geöffnet.

Diese ›Katastrophe‹ hat auch etwas mit Herzensöffnung zu tun, liebe Freunde. Mit der Öffnung der Herzen der Seelen vor Ort oder der Verhinderung der Verschließung vor dem vielen Leid und mit der Öffnung eurer Herzen. Ja, liebe Leser, von euch und euren Freunden und Nächsten. Was hat dieses Leid in euch bewirkt? Ihr habt im Trubel des Christusfestes, – obwohl vielen von euch der eigentliche Sinn dieses Festes nicht mehr bewusst ist – eure Herzen gespürt und geöffnet. Direkt zum irdischen Christfest erfahrt ihr von so einem Geschehnis und geht in euch. Ihr habt an diesem Christusfest den Sinn dieses Feierns erspürt, ihr lebtet euer Christusselbst. Das Christuslicht in euch hat sich ein Stück mehr gezeigt, es leuchtet ein bisschen mehr. Ist das nicht wundervoll?

Schaut euch um. Haben sich einige Menschen verändert? Auch sie beginnen vielleicht durch dieses Naturereignis ihre Lebens- und Herzenseinstellung zu überdenken. Dabei solltet ihr nicht vergessen, das Leid nicht nur außerhalb eures Landes zu suchen. Schaut euch hier um, in diesem Land, eurem eigenen. Ich spreche hier zu allen deutschsprachigen Gegenden. Durch die politisch-sozialen Aktivitäten der Regierung in Deutschland sind einige Menschen am Rande ihres finanziellen Existenzminimums angelangt. Rückt auch hier zusammen und helft. Erkennt, warum ihr hier auf der Erde seid. *Ihr seid hier, um das Christuslicht in euch zu erwecken und zu leben.* Allein das ist das Ziel. Die Arbeit eines Lichtarbeiters, eines Leuchtturms, ist Herzensarbeit. So darfst du deine Aufgabe jetzt hier verstehen.

Habt ihr euch gefragt, warum bei dieser »Katastrophe« keines der zum Teil im Urwald lebenden Urvölker umgekommen beziehungsweise ausgelöscht worden ist? Es sind die Völker, die altes Wissen tragen, deren Wissen und Weisheit weiter gehütet werden soll. Es wäre ratsam, beim Aufbau der verwüsteten Gebiete ihr Wissen mit einzubeziehen. Es wäre die Möglichkeit, Ursprünglichkeit, Wertigkeit und Wissen dieser Landstreifen und Inseln wieder zu leben und zu ehren. Es war nicht im Vertrag dieser weisen Alten, die Erde zu verlassen. All dies ist im göttlichen Plan enthalten.

Für die, die dieses jetzt lesen, die sich aufgerufen fühlen, mit der Erde bei ihrer Transformation zusammenzuarbeiten, gibt es einen besonderen Vertrag, der jetzt seine Gültigkeit bekommt. Es sind die Seelen von euch, die schon immer eng mit der Mutter Erde verbunden waren. Wir sagen euch, dass eure Hilfe benötigt wird. Es wird nicht das einzige Mal sein, dass die Erde diese geomantischen Verschiebungen erlebt. Fühlt ihr dieses auch?

Ihr könnt der Erde den Dienst erweisen, sich mit ihr zu verbinden und gemeinsam an der Umarbeitung zu arbeiten. Verbindet euch mit der Erde, schaut in sie hinein, ihr, die ihr so weit und klar sehen und fühlen könnt. Ihr, die ihr immer schon Kontakt mit der hohen Instanz dieses Planeten hattet und mit ihnen kommuniziertet. Besucht diese Wesen und bietet eure Hilfe an. Schaut in die Erde hinein und beobachtet ihre Aktivitäten. Schaut genau hin und erarbeitet gemeinsam durch eurer Bewusstsein einen Plan für einen Weg, dass Vorkommnisse dieser Art auf eine andere Weise vonstatten gehen. Es besteht die Möglichkeit, die Auswirkungen der Transformationen zu lenken, umzulenken. Ihr seid jetzt vielleicht erstaunt, aber ich sage euch, ihr habt die Kraft und das Wissen, probiert es. Es gibt die Möglichkeit, diese nicht zu löschenden Erdbewegungen in andere, abgelegenere Gebiete zu lenken.

Helft mit eurer Kraft, eurem wachsenden Bewusstsein als multidimensionale Lichtwesen der Erde, ihren Weg zu gehen, aber mit schwächeren Auswirkungen für die Menschen. Das ist dein Dienst, du, der du dich jetzt angesprochen fühlst.

Eure Wissenschaftler haben nun vielfältige Veränderungen, die mit dem Beben zusammenhängen, festgestellt. Die Verschiebung der Erdplatten hat unter anderem eine Polverschiebung sichtbar gemacht. Es ist ein Beweis – auch für immer noch Zweifelnde – für die nun schon laufenden und noch bevorstehenden Transformationen der Erde, so wie es in älteren Botschaften ausführlich angekündigt wurde.

Euch, ihr Wissenschaftler, rufe ich auf: *Bezieht endlich den Göttlichen Aspekt bei all euren Forschungen mit ein.* Es ist unerlässlich, diese göttlichen Zusammenhänge zu erkennen. Wenn ihr diesen Weg einschlagt, erwarten euch wundervolle Ergebnisse, die jetzt angemessen sind. Die daraus resultierenden Erkenntnisse werden viele Entwicklungen in Gang setzen.

Dieses Jahr 2005 wird ein ereignisreiches Jahr sein. Es ist das Jahr der Sieben. Numerologisch Interessierte unter euch werden wissen, wie das zu verstehen ist. Es wird ein aufregendes Jahr sein, in jeder Hinsicht. Ich spreche nicht nur von der Transformation der Erde, es wird auch politische, sozialpolitische und wirtschaftliche Prozesse geben. Die Probleme schießen förmlich nach oben, sie werden da sein, nicht mehr ignoriert werden können und müssen angepackt werden. Jedes Land hat da seinen eigenen Prozess und Weg. Unterstützt euer Land mit geöffnetem Herzen und klarem Geist und der Energie, die positive Umwälzungen schafft. Diese Neuerungen gehen nicht über politische Entscheidungen, wie immer die auch sein mögen, sondern über die Öffnung des Herzens und des göttlichen Geistes. Es macht daher keinen Sinn, in Angst zu sein. Seid klar und lichtvoll!

Du bist hier inkarniert, um deinen Dienst als Lichtarbeiter zu tun, an dem Platz, an dem du dich jetzt befindest. Strahle weit über die Grenzen hinaus, sei stark und halte dich wie ein Fels in der Brandung.

Ich bin in tiefer Verbundenheit mit euch.

KRYON

Wie geht es weiter?

Unsere gemeinsame Reise in diesem Buch geht nun langsam dem Ende zu. Selbstverständlich bin ich, wenn du es wünschst, weiterhin an deiner Seite. Ich habe versucht, dir Grundlegendes zu dem Prozess der Erde und zu deinem Prozess zu vermitteln. Es hat mir große Freude gemacht, zu sehen, was diese Worte und die Schwingungen mit dir machten. Es wird noch mehr Informationen für alle Suchenden geben, natürlich nicht nur von mir, aber wenn du Spaß daran hast, kommt bald weiteres Wissen zu dir.

Nun wirst du vielleicht fragen: »KRYON, wie geht es weiter? Wie geht es weiter mit der Erde? Wie geht es weiter mit mir?«

Der Dienst aller Wesen und Bewusstseinseinheiten in der Geistigen Welt ist es, dem Wesen Erde und den Menschen den Weg in das Goldene Zeitalter der Erde zu weisen. Wir können euch mehr als jemals zuvor Botschaften geben, Unterstützung leisten, eure Hand halten. Nur den Weg, den müsst *ihr* allein gehen. Das können wir euch nicht abnehmen.

Wenn ich hier in den Kreis der Lieben schaue, die auch ihre Energien in dieses Buch geben, da ist *Erzengel Michael*, *Mutter Maria*, der *Meister St. Germain*, *Jesus Christus* und andere, die euch alle freudig sagen wollen: »Liebe Freunde, euer Weg ist leichter als der unsrige damals war, nehmt unsere Hilfe an. Wir leiten euch gerne.«

Wir helfen, aber gehen müsst ihr schon allein. In alten Zeiten wurde von harten Prüfungen berichtet, die den Schüler begleiteten. Wir stehen nicht mit dem drohenden Zeigefinger oder mit scharfem Kontrollblick vor euch und belegen euch mit Prüfungsaufgaben. Der Weg in diese Neue Zeit ist ein freiwilliger Weg. Freiwillig insofern, als dass du dir selbst die Messlatte anlegst. Du bist dein eigener Maßstab. Es liegt an dir, zu schauen: »Wo sind meine Erkenntnisse? Wo habe ich mich verändert?« Ich möchte es als veredeln bezeichnen. »Wo habe ich meine Art zu denken, zu leben veredelt?« Es ist ein alchemistischer Prozess, liebe Freunde. Das alles hat etwas mit Alchemie zu tun. Du suchst in dir den Stein der Weisen. Frag den *Meister St. Germain*, wie das zu verstehen ist. Er ist – im wahrsten Sinne des Wortes – ein Meister in Sachen Transformation. Er ist ein alter Alchemist. Und das war er zu vielen Zeiten, besonders zu seinen Lebzeiten auf der Erde. Es sind keine Prüfungen im herkömmlichen Sinne, die wir euch auferlegen. Aber gewisse – du würdest sagen – Standards müssen getan und erfüllt werden, um den Schritt in die Meisterschaft zu vollenden.

In nicht weit entfernter Zeit – ihr würdet sie Zukunft nennen – wird diese Erde einen entscheidenden Schritt tun in ihr neues Dasein. Ob es 2012 sein wird? Ich kann es euch noch nicht sagen. Ich kann euch sagen, dass es passieren wird. Sicherlich ist der Dezember 2012 ein entscheidender Zeitraum, auch 2007 erwarten wir umfassende Richtungsweiser. Erdmessungen und wichtige Zwischenergebnisse werden spürbar sein. Erinnert ihr euch, was ich früher schon an euch weitergab: Das dritte Gitter um die Erde herum ist das menschliche Bewusstsein. Du kannst mit Erweiterung deines Bewusstseins, mit deiner Herzensöffnung viele entscheidende Schritte beeinflussen. Sicher ist, dass die weiteren Monate eurer Erdenzeit wichtige Monate sind. Besonders die Wintermonate werden für Aufsehen sorgen und bahnbrechende Schritte einleiten. Verstehe, dass der Weg der Erde im göttlichen Plan wohl enthalten ist. Aber, wann und wie die letzten Schritte offensichtlich geschehen werden, bleibt vorerst offen. Du kannst der Mutter Erde bei ihrer für sie lebenswichtigen Transformation helfen. Verändere du dein Bewusstsein. Das ist ein alchemistischer Prozess, und es ist ein göttlicher Prozess.

Ich bin in tiefer Liebe zu euch.

KRYON

Meine Erfahrungen mit KRYON und der Neuen Energie

Liebe Leserinnen und Leser!

Sie haben jetzt das Buch durchgelesen, vielleicht auch einfach nur auf das Inhaltsverzeichnis geguckt und einige Seiten überschlagen oder kapitelweise gelesen. Und nun sind Sie hier auf dieser Seite gelandet. Vielleicht freuen Sie sich über die Botschaften von KRYON und spüren die wundervolle Energie. Vielleicht sind Sie gerade in einer Situation, in der es Ihnen wie mir erging, Sie sind vielleicht erschöpft und müde von der vielen Umarbeitungsarbeit, die man an ihnen vornimmt. Oder Sie sind möglicherweise frustriert, weil Sie denken: »Nichts geht voran. Bei dem, was ich alles tue für meine spirituelle Entwicklung, müsste ich doch eigentlich viel weiter sein.«

Ich kenne diese Gedanken und Gefühle sehr gut. Es gab auch in meiner Entwicklung Situationen, wo ich traurig war, manchmal sogar wütend, wütend auf »die da oben« und wütend auf mich. Ich dachte: »Ihr könntet mir schon ein bisschen mehr behilflich sein.« Und auf mich war ich wütend, weil ich meinte, ich stelle mich einfach zu dumm an. »Es kann doch nicht so schwer sein, tief in die Meditation zu kommen, das schaffen andere doch auch«, meinte ich.

Ähnlich war es bei meinen ersten Versuchen zu channeln, geistige Botschaften zum empfangen. Beim Channeln sind es ja Gedankenströme, die in uns eingegeben werden, das sind die Botschaften an uns. Bei den ersten Malen habe ich nicht geglaubt, das es die Ströme von meinem Meister waren, ich habe sie als meine deklariert. Obwohl ich mich schon wunderte, dass ich *so* denke …

Aber ich will von vorne anfangen: Wie ich im ersten Buch schon beschrieb, ist mein Beruf ein relativ sachlicher. Ich bin Journalistin, habe mich aber schon seit circa zehn Jahren ausschließlich mit spirituellen Themen oder künstlerischen Themen, die ja – so sagt die Geistige Welt – untrennbar sind, beschäftigt. Ich war stets von einem ziemlich intellektuellen Umfeld umgeben. Ab und an bekam ich ein Nasenrümpfen oder hochgezogene Augenbrauen als Kommentar zu meinen neuen Erkenntnissen, auf die ich doch so stolz war.

Als ich dann begann, geistige Botschaften zu empfangen, war ich zuerst sehr skeptisch und hielt sie für Eigenkreationen.

Aber es kamen so wunderbare Botschaften, die konnten unmöglich von meinem irdischen Ich stammen. Langsam traute ich der Sache und begann, mir über die himmlischen Botschaften ausführliche Gedanken zu machen. Ich versuchte auch, diese Informationen oder Hinweise in meinen täglichen Ablauf zu integrieren. Da kamen Botschaften wie: »Heute mache einen langen Spaziergang im Park. Setze dich auf eine Bank und meditiere.« Oder: »Versuche, heute integer zu sein. Überprüfe alles, was du tust, auf deine Wahrheit.« Oder: »Versuche, heute bei dem Gespräch mit deiner Freundin herauszufinden, wie es ihr *wirklich* geht, wie sie sich fühlt. Höre ihr einfach nur zu.« Oder: »Horche in dich hinein, was dein Körper heute essen möchte.« Das könnte ich beliebig fortführen. Ich ließ mich von meiner Geistigen Welt inspirieren.

Der Anfang meines geistigen Kontaktes war nicht die Verbindung zu KRYON. Mein erster Kontakt war zu dem Propheten *ELIAS*. Er begleitete mich in meiner geistigen Schulungszeit, die Vorbereitung auf meine Channeling-Arbeit war.

Dann kam der *Meister St. Germain* hinzu. Es waren immense Unterschiede in diesen Verbindungen. *ELIAS* erschien mir sehr ätherisch und weise, sehr lichtvoll, aber auch etwas distanziert, wo hingegen der Kontakt zu *St. Germain* – der ja die irdische Wirkensplattform vor noch nicht so langer Zeit verlassen hat, sich sehr humorvoll, sogar lustig gestaltete. Zu Anfang war er sehr freundlich und half mir, Vertrauen zu entwickeln. Vertrauen zur Geistigen Welt und zu mir. Er brachte mir im Laufe der Zeit viel über die Kraft und die Anwendungsweise von Kristallen bei. Ich habe mir natürlich nach jeder Kommunikation alles aufgeschrieben. Später stellte er sich oft sehr humorvoll vor. Er begrüßte mich eines Tage mit »Bonjour« und stand vor meinem geistigen Auge in einer altfranzösischen Montour. So, wie man es am französischen Hof trug, zurzeit von Madame Pompadour. Ich war natürlich äußerst erstaunt, warum er das tat. Er erzählte mir von einer gemeinsamen Inkarnation. Dann verbeugte er sich und lud mich zu einer Kutschfahrt ein. Ich bin dann im Geiste in eine goldene Kutsche gestiegen und wir fuhren durch die französische Natur. Alles fühlte sich so real an, als würde ich es mit offenen Augen erleben. Wir haben sehr viel gelacht auf dieser Fahrt.

Der Kontakt zur Geistigen Welt kann also durchaus sehr fröhlich sein. Ich glaube, wir Menschen – gerade wir Deutschen – sehen selbst die spirituelle Entwicklung als eine sehr ernsthafte Sache an. Ernsthaft daran zu gehen ist wohl wichtig, aber die Art und Weise des Erfahrens ist viel schöner mit Freude und Humor.

Nach meinen ersten Versuchen, zu kommunizieren und zu sehen, machte ich große Fortschritte, indem ich immer wieder probierte. In allen möglichen Situationen. Ob beim Einkaufen – ich fragte manchmal: »Was soll ich heute essen?« Es kam einmal prompt eine Antwort und ich legte die Schokolade, die ich schon in der Hand hatte, wieder beiseite. Ich fahre viel Bahn und Omnibus. Das ist ein hervorragender Platz, zu kommunizieren. Manchmal hätte ich am liebsten laut losgelacht über das, was da so alles aus der Geistigen Welt an Botschaften kam. Mitten im Bus.

Ich kann KRYONs Aussage bestätigen, dass Übung und Vertrauen unerlässlich sind, um mit dem Kontakt zur Geistigen Welt weiterzukommen. Und man darf es nicht als ein Muss ansehen oder so agieren: »Wenn ich nachher Zeit habe, dann frage ich mal nach.« Die Kommunikation muss inmitten des eigenen Lebens stattfinden. Das ist zu Anfang nicht ganz leicht, klappt aber, je mehr man übt. Und, desto mehr man den Helfern zeigt, dass man kommunizieren möchte, je mehr Unterstützung bekommt man. Ich hatte oft das Gefühl, dass es zeitweilig wie eine kleine Prüfung war. Je mehr ich übte und bewies, dass ich es wollte, umso mehr flossen die Botschaften. Zeitweilig fühlte ich sogar ein richtiges Lachen im Hintergrund. Unter dem Motto: »Na endlich, nun hat sie verstanden und vertraut uns.«

Meine Ausbildung zu einem Channel, das Botschaften an andere Menschen weitergeben soll, begann wohl schon im Kindesalter, so sagte man mir zumindest. Wenn ich so im Nachhinein meine ganzen Lebensstationen anschaue, setzt sich vieles wie ein Puzzle zusammen. Als ich sechzehn war, drängte meine Mutter mich zum Beispiel, ich solle doch Schreibmaschine schreiben lernen, so richtig mit System und mit zehn Fingern blind. Dazu war ich allerdings erst nach einigem Überreden bereit. Ich habe es nicht mit Freude getan, ich fand es ziemlich langweilig. Nur, das schnelle Tippen hat mir dann später viel Spaß gemacht. Jetzt kommt mir diese Fähigkeit sehr zugute.

Ich empfange die Botschaften von KRYON mit geschlossenen Augen oder auch mit offenen und schreibe einfach drauf los.

Das erspart viel Zeit und ist äußerst bequem. Meine journalistische Ausbildung kommt meinem Dienst, vor Menschen zu sprechen und zu formulieren, sehr zugute. Auch das war kein Zufall. Die abgetippten Live-Channelings, die liebevolle Helfer abschreiben, kann ich relativ unkompliziert in einem Rechanneling-Prozess mit KRYON in passende Buch- oder Internetform bringen oder passend für Fachzeitschriften. Ich bin sicher, dass viele Lebensstationen mich auf meinen Dienst vorbereitet haben.

Ich bin seit sechs Jahren in der Neuen Energie. KRYON »kenne« ich bewusst erst seit fünf Jahren. Eine liebe Frau hatte mir ein KRYON-Buch von Lee Caroll geschenkt. Den geistigen Kontakt zu *ELIAS*, *St. Germain* und *Jesus Christus* und anderen hatte ich schon vorher. KRYON war mir bis dahin nicht bekannt.

Nach dem begeisterten Lesen des Buches durfte ich mit KRYON direkt in Verbindung treten. Wir haben seitdem ständigen Kontakt. KRYON beschreibt es humorvoll so: »Ich habe mich als Gast in dein Energiefeld selbst eingeladen und bin nun immer bei dir.« Das kann ich bestätigen. Allerdings sagt er auch, dass wir ganz gezielt hier für diese gemeinsame Aufgabe verabredet waren. Ich drücke unsere Verbindung oft sehr locker aus, indem ich sage: »Ich bin immer online.« Und das stimmt, ich bin immer mit KRYON verbunden. Ich kann jederzeit mit ihm kommunizieren, selbstverständlich auch mit den anderen.

Die Verbindung zu meinem Höheren Selbst kam gleich zustande, nachdem ich auf *ELIAS* vor meinem geistigen Auge traf. Mein Höheres Selbst ist ein liebevolles androgynes Wesen, mit dem ich sehr eng verbunden bin. Wir kommunizieren immer, oft ist es mir unbewusst, aber ich weiß, dass viele Handlungen göttlich gesteuert sind. Wenn ich einmal gegen diese wunderbaren Impulse agiere, kommt meistens »Unsinn« dabei heraus. Ich bin daher zu dem Entschluss gekommen, mich führen zu lassen. Trotzdem geschehen manchmal Dinge in meinem Leben, die nicht ausgeglichen sind. Da hat mein Höheres Selbst nicht geschlafen, sondern ich merke dann sofort: »Aha, da kommt wieder ein Lernprozess. Ich darf ein altes Muster auflösen.« Es ist manchmal direkt komisch. Wenn etwas Unglattes passiert, weiß ich meistens sofort, ah ja, das will mir das und das sagen.

Manchmal geschehen allerdings Dinge, die nicht glatt laufen, ohne dass ich direkt daran beteiligt bin. KRYON sagt dann, es ist nicht der richtige Zeitpunkt, oder er erklärt mir, der andere Mensch, der dies verursachte, möchte an dir lernen.

Na gut, denke ich mir – wobei das nicht immer leicht fällt, so in Liebe und Verständnis zu sein – ich stehe gerne zur Verfügung. Ich lerne ja auch an anderen.

Die Führung vom Höheren Selbst, und in diesem Fall von KRYON, ist wirklich phänomenal. Wenn ich rückblickend auf die Entwicklung der KRYON-Arbeit schaue, zeigt es sich wie ein Muster, das langsam immer dichter wird. Es ist genau zurückzuverfolgen, wo und wie die Geistige Welt mich (hin)geführt hat, wie geistige Vernetzungen gelegt wurden und wie göttlich der Gesamtweg zu erkennen ist. Ich wurde nach meiner geistigen Ausbildung zum Medium zu den Menschen geführt, die mich ermunterten, anzufangen, Sitzungen zu geben. Ich traf dann auf Menschen, die größere Channelings für »uns« organisierten.

Auch die Verbindung und wie ich zu diesem wunderbaren Verlag kam, war göttlich gelenkt. Auf all den ersten Channelingreisen traf ich auf Gäste – übrigens meistens Frauen – die fragten: »Liebe Barbara, möchtest du nicht auch zum Beispiel nach Luzern oder Bonn oder Dresden oder oder … kommen? Wir organisieren gerne ein Gruppenchanneling und die Einzelsitzungen.«

Es ist fabelhaft, wie alles geführt wird und wie alles klappt.

Über den Verlag habe ich einen sehr kreativen Grafiker kennengelernt, der die Internetseite installierte und betreut und auch noch »unsere« Anzeigen liebevoll kreiert. Und so könnte ich beliebig weiter aufzählen, was Wundervolles geschah und geschieht, seitdem ich meinen Dienst angenommen habe.

Ich bin, wie *Sie*, weiterhin im Prozess, habe meine kleinen Wehwehchen und versuche, mit Humor und Leichtigkeit durch diese Zeit zu kommen. Ich vertraue der Geistigen Welt. Und wenn der Kopfschmerz oder das Ohrenpiepen mal zu doll wird, dann bitte ich um Pause. Das klappt fast immer.

Haben Sie übrigens schon einmal versucht, sich von der Geistigen Welt morgens wecken zu lassen? Es ist sehr interessant. Manchmal klingelt es mitten im Traum. Zu Anfang wunderte ich mich noch. Heute weiß ich sogar mitten im Traum: »Aha, der himmlische Weckdienst meldet sich, aufstehen.«

Seitdem ich auch mit meinem Höheren Selbst einkaufen gehe, bleiben mir viele Fehlkäufe erspart. Auch wenn ich manchmal kurz und heftig in einen Pullover verliebt bin und mir geraten wird, bitte nicht kaufen, stelle ich hinterher fest, diese Botschaft war sinnvoll. Es kam in diesem Fall später ein passenderer Pullover. Der »richtige« Pullover hatte eine besondere Farbe: Kupfer – eine satte kupferne Farbe. Kupfer ist die Farbe von KRYON.

Na bitte, habe ich nicht einen interessanten wissenschaftlichen und menschlichen Beirat? Den haben Sie auch. Sie müssen ihn nur in Ihr Leben bitten!

Die Botschaften, die in diesem Buch für Sie festgehalten wurden, sind noch nicht abgeschlossen. Es wird ein weiteres Buch geben mit mehr Informationen zur Meisterschaft des Menschen. Dieses ließ mich soeben KRYON wissen.

In diesem Sinne wünsche ich Ihnen eine schöne Zeit und viel Freude beim Lesen.

Ihre Barbara Bessen

Über die Autorin

Barbara Bessen (Jahrgang 1949) lebt auf dem Lande im hohen Norden, in der Nähe von Eckernförde. Sie ist Mutter eines Sohnes und von Beruf Journalistin. Nach 25 Jahren journalistischer Tätigkeit in Hamburg und München war sie zuletzt freiberuflich tätig und hat sich dabei mit vielen spirituellen Themenbereichen beschäftigt.

Seit September 2002 channelt sie im deutschsprachigen Raum die Erzengelwesenheit KRYON. Sie hat mit Einzelchannelings und kleinen Gruppen begonnen, und ist nun in ganz Deutschland, in Österreich und der Schweiz unterwegs, um die wichtigen Botschaften von KRYON zu überbringen.

Sie sagt: »Ich freue mich von Herzen über diese verantwortungsvolle Aufgabe. Ich möchte jetzt meinen Vertrag erfüllen und KRYON die Möglichkeit schaffen, noch mehr Seelen mit seinen Botschaften in deutscher Sprache zu erreichen.«

Inspiration und neue Kraft tankt Barbara Bessen mit langen Spaziergängen an der nahegelegenen Ostsee.

Nähere Informationen und Termine finden Sie im Internet unter:

www.kryon-deutschland.com

oder können Sie erfragen im KRYON-Büro unter der Telefonnummer 040/79 30 62 39.

Smaragd Verlag e.K.
Mara Ordemann
In der Steubach 1, 57614 Woldert (Ww.)
Tel. (0 26 84) 97 88 08
Fax (0 26 84) 97 88 05
info@smaragd-verlag.de

Patrizia Pfister

Kryon - Weckruf für die Menschheit
Zurück zur Quelle

528 Seiten, A5, gebunden, mit Leseband
ISBN 978-3-938489-60-4

In Weckruf für die Menschheit geht es darum, das Wesen der Lichtkörper und ihrer Chakrensysteme näher zu beleuchten, denn über den Aufbau dieser Systeme und die Thematik der Chakren lassen sich Symptome der verschiedensten Art schneller eingrenzen und besser verstehen und durch „Bearbeitung" auflösen.
So zeigt Kryon, dass es drei verschiedene Lichtkörper gibt: Der Irdische, der Galaktische und der Kosmische. Jeder Lichtkörper ist schichtenförmig aufgebaut, und jede dieser Schichten weist ein 12-teiliges Chakrensystem auf, wobei jedes Chakra ein eigenes Thema „bearbeitet".
Mit über 50 s/w Abbildungen und mehr als 100 Farbtafeln, die mit der Energie der Gnade geladen sind. **Ein Arbeitsbuch für Fortgeschrittene!**

Barbara Bessen

KRYON - Vertraue in Gott

240 Seiten, A5, broschiert
ISBN 978-3-938489-22-2

In seiner gewohnt humorvollen und eindringlichen Weise erklärt KRYON, wie wir es schaffen können, uns selbst immer besser zu erkennen und Kontakt zu unserem eigenen goldenen Engel, unserem Höheren Selbst, zu finden und das notwendige Vertrauen dafür zu entwickeln. Denn das Ziel – GOTT – liegt nicht im Außen, sondern in jedem von uns, da wir alle ein Teil von Gott sind.
Weiterhin verrät KRYON, warum wir erwachenden und suchenden Menschen im deutschsprachigen Raum inkarniert sind, welche Aufgaben uns hier erwarten und wie wir sie umsetzen können.